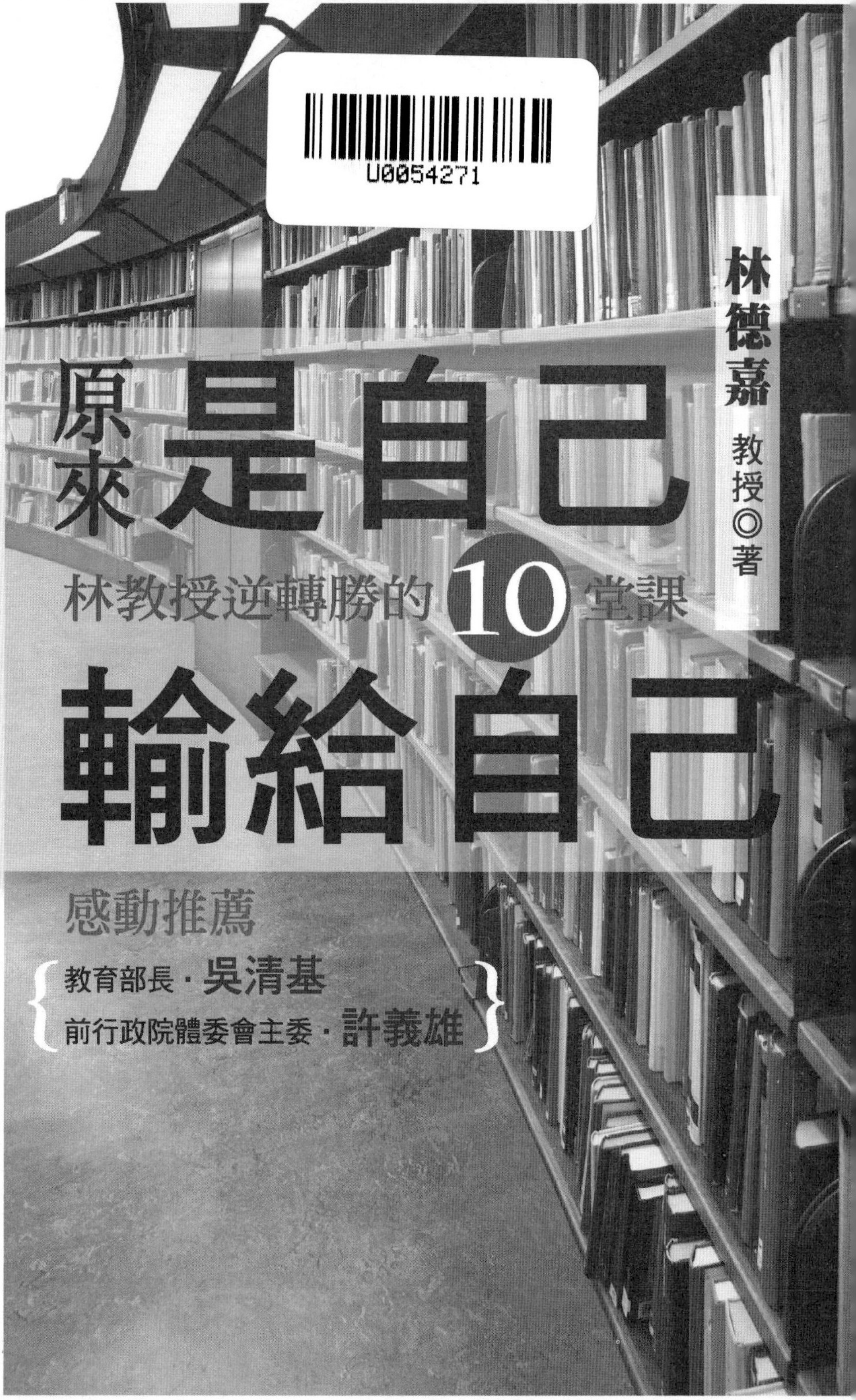

林德嘉 教授◎著

原來是自己輸給自己

林教授逆轉勝的10堂課

感動推薦

教育部長・吳清基

前行政院體委會主委・許義雄

推薦序

1 實踐夢想的典範

「Man can do anything he can imagine and believe he can do.」是林德嘉教授的座右銘，也代表林教授面對環境的積極正面態度與果決的精神。林教授自幼家貧，求學過程中從未買過一本課本，直至國三才擁有人生第一支原子筆，在這樣艱難的環境下，林教授仍憑著優異的數理能力、記憶力與毅力，學貫中西，不僅曾於臺師大體育系任教，更赴美取得伊利諾大學理論與應用力學博士；旅美28年間，除在伊利諾大學教書，並參與美國太空總署「外太空人體活動研究」，1980年更獲為美國奧運訓練中心運動科學研究員，在力學的領域中，發光發熱。

林教授受邀返國後，曾擔任國訓中心主任、體委會副主委等職，充分發揮其力學的專長，協助訓練國手，是我國2004年雅典奧運獲得兩面金牌的幕後功臣。從買不起課本的窮學生，到成為不用課本即能滔滔不絕授課的教授、透過仔細觀察選手即能指出選手優缺點的一位名師，林教授從未被環境打敗，反而從困境中悟出成功的道理。本書就是林教授以其豐富的人生閱歷，運用淺顯易懂的例子和生動活潑的描述，以「別擔心，我是被欺負長大的」、「開車時，請往前看」、「人生，不過是門物理學」、「自導自演的完美電影」、「別成為合照裡的配角」、「原來是自己輸給了自己」、「耐力超強的金頂電池」、「扣掉存款，你還有多少身價」、「所有的故事，都是從零開始」、「別看錯了，這還不是終點線」等十堂課分享人生成功的方法。

不論是年輕學子，或各行各業人士，當您在思索、調整人生的方向時，相信這本「人生工具書」將是協助您掌握人生成功關鍵的工具書！

教育部部長

吳清基

謹識

100年7月

推薦序

2 良師典範

與林德嘉老師的相識，應是一九六三年，是我就讀國立台灣師範大學第二年，住進師大男生第六宿舍以後的事。林老師擔任學校橄欖球代表隊教練，無論春夏秋冬，不畏日曬雨淋，常在天朦朧亮的時候，看到他，不帶雨具，不著禦寒外套，一個人，堅毅地站球場上，準時等著球員來練球。尤其，寒風凜冽的大清早，到宿舍來敲門，一言不發。總看到，睡眼惺忪的球員，聽到敲門聲，緊張的手忙腳亂，匆忙起床著裝的模樣。事不關己的同學，常會躲在被窩裡偷笑。

之後，慢慢知道林老師的厲害，都是同學間的親身經驗，再口耳相傳。最不可思議的是，林老師的「人體生理學」沒人敢蹺課。不只是因為林老師上課，從不帶課本，上課內容之豐富，不在現場寫筆記，課後可能就要花更多時間找資料，還不一定能完整。特別是，林老師習慣第一堂課就點名，點完名，就能記住全班五十個同學的名字。上一堂課，誰缺席，當場就能叫出，嚇得同學們，只能乖乖受教。林老師的飽學，從交談中，就能感受得到。課中課後，話題之多，常是信手拈來，逸趣橫生，引人入勝；見解之獨到，常言人之所未言，見人之所未見。林老師之受學生折服，真是其來有自，名不虛傳。

一九七二年，林老師三十七歲時，赴美進修，途中在東京過境。當時，我獲日本文部省獎學金，正在日本東京教育大學攻讀碩士班，特地到林老師下榻的飯店拜訪。就在林老師的房間，兩人海闊天空，從傍晚談到天亮，一夜未眠，意猶未盡，一直到我趕回學校上課，仍然繚繞不去。一路想著，林老師從小發憤圖強，立志為學的歷程。以精通中、英、日語，讀遍上千冊的原文書籍，到台大醫學院聽課，熟背梁實秋的十數冊英文教科書，不覺肅然起敬。尤其，為了家徒四壁，一肩挑起十口之家的生活重擔，刻意自我犧牲，等栽培弟妹長大成人，先後進入大學後，才考慮自己的進修。更想到，林老師任教師大體育系的傑出表現，卻有許多難知的往事，不無感觸。

一九七四年四月，我從東京教育大學畢業返國，六月初，陸續接到林老師從他實驗室寄來的兩本書：《Sport and The Body：A Philosophical Symposium》及《Physical Education：Progressivism or Essentialism》，受用無窮，感激莫名。想到林老師旅居在外，苦讀博士課程，在繁忙之餘，不忘破費購書相贈，鼓勵後生晚輩，其良師之典範，至今仍感念在心。

一九八〇年春末，我隨中華民國體育學會代表團，赴美參加全美體育學術會議，在底特律巧遇林老師，發現多年不見的林老師，已是白髮蒼蒼，略感意外。當時林老師已取得伊利諾大學，理論與應用力學博士學位，並獲聘「美國奧運訓練中心」運動科學研究員，且參與美國太空總署「外太空人體活動研究」專案。當時團長體育司長蔡敏忠先生，曾面邀林老師返國服務鄉梓，林老師笑而未答。

一九九七年，林老師終於應台師大邀請，於去國二十多年後，返台服務。任職期間，不只甚受師生愛戴，當選師大傑出校友；更先後擔任公職，貢獻所學，為國人所肯定。其中，膺任中華民國足球協會秘書長、國家運動訓練中心主任、行政院體育委員會副主任委員，負責我國參加雪梨、雅典奧運，與大阪東亞運、釜山亞運代表團副團長，以其運動科學專長，協助運動訓練工作，使我國突破奧運零金紀錄，勇奪兩面金牌，厥功至偉。

最近，林老師目睹台灣社會的快速變遷，盱衡國際潮流與國家發展動向，深知臺灣環境面臨衝擊，人人必須勇於面對，只有勇往直前，全力以付，突破困境，邁向成功坦途，庶幾能安居樂業，健康幸福。雖已七十五高齡，仍不失赤子之心，有感而發，振筆疾書，肺腑之言，字字珠璣，句句發人深省。

全書以「原來，是自己輸給自己」為名，內容共分十個章節，以林老師的生平貫穿全書，並詳述成功之法。脈絡分明，條理井然，實為不可多得之勵志佳構，直得讚佩。

縱觀全書，類皆可歌可泣的小故事，娓娓道來，有血有淚，不乏成功的愉悅，更有失敗的況味。讀來有如身歷其境，融入其中，共享喜怒哀樂，體驗繽紛的人生經驗。令人愛不釋手。其中，有企業領導人的成功軌跡，有世界名人的奮鬥歷程，有醫學、音樂、藝術、運動員、明星、科技、政治、心理、哲學⋯等各行各業頂尖人物，不為人知的印痕，更有克服身心障礙，挺直腰幹；或從窮困潦倒中，絕處逢生；或在屢受挫敗之餘，昂首闊步的紀錄。每一個故事背後，有道不盡的辛酸，也有振聾發聵的作用，值得一窺究竟，借作為人處世南針，開啟成功人生之鑰。

付梓之前，先睹為快，略贅數語，一者表達敬意，一者藉申謝忱。是為序。

前行政院體委會主委

許義雄　謹識

2011年7月12日

第一堂課

別擔心，我是被欺負長大的

第二堂課

開車時，請往前看

第三堂課

人生，不過是門物理學

第八堂課

扣掉存款，你還有多少身價

第九堂課

所有的故事，都是從零開始

第十堂課

別看錯了，這還不是終點線

第1堂課

別擔心，我是被欺負長大的

被孤立與霸凌的小學
我是不存在的隱形人
挑戰不可能任務
要打全壘打，先嘗試被三振吧！
我的老師，是一位清潔工
死亡只是個開始
偷了我的錢包，就像偷到垃圾一般
李小龍的最後一封信
明天，我們一定會挖到寶藏

如果允許別人為你設想，
替你做決定，
你該擔憂自己已經日漸軟弱。

被孤立與霸凌的小學

我出生在二次大戰前，在日本統治台灣五十年的末期，渡過我的童年。當時日本發動所謂大東亞戰爭，後來更擴張為第二次世界大戰。被戰爭陰霾籠罩的台灣，生活當然是十分的艱苦。父親當時於日本人經營的跨國企業上班，派駐到廣東的東莞分公司。

戰爭期間台灣海峽被封鎖，斷絕了所有的音訊。在廣東的父母無法和台灣取得聯繫，更無法匯款回家。**我和兄姊以及小我兩歲的妹妹如同孤兒，感謝外祖母憐恤我們，在毫無經濟支援的情況下，帶著六個孩子渡過了戰亂、貧困的兒童時期。**

日據時代的小學，分為日本人小學和台灣人的國民小學，還有部份是附屬於師範學校的小學，這是少數日本子弟與台灣上層社會的孩子所就讀的學校。我上小學那一年，新竹有一所國民學校，改制成為台中師範的附屬小學，原就讀於該所國民學校的學生，部份轉到其他學校，部份仍留在原校；我的二哥就留在原校就讀，外祖母很自然的將我帶到二哥的學校，就這樣「陰錯陽差」的通過入學考試，成為附屬小學的學生。**但進入附屬小學之後，卻讓小小年紀的我，徹底的感受到貧富之間，窮人家被排斥、孤立的心酸。然而，這**

樣的成長過程，也奠定了我不輕易被擊倒的人生態度。

國民小學裡的學生水平都差不多，大家一樣窮、一樣吃不飽；但是附屬小學裡，階級分別非常明顯，日本小孩欺負台灣小孩是十分「正常」的事情。

學校裡當然有些台灣同學會去依附著日本小孩，跟他們比較親近，這些同學們家庭環境都相當不錯，都是上層社會的子弟，家中與日本人生意上有所往來的。而我的家境除了窮困以外什麼都沒有，自然成了被欺負的最佳人選，這樣長期的霸凌情況，無助的我，最後只能選擇忍耐，並被孤立在同儕之外。

小學三年級的時候，美軍空襲台灣，讓台灣陷入混亂、恐慌時期。學校因此停課，學生們跟著老師一起疏散逃難，**在每一陣空襲結束後，老師會刻苦的在自然環境裡繼續上著課，這是當時一般老師負責任的態度。**

不過當時的我並沒有跟著老師走，而是祖母帶著我們一群孩子，跑到山上的山洞裡去避難。躲避空襲的日子，只能撿農民收割時的稻穗、花生、番薯…等充饑，或是自己種菜，跟著哥哥、姐姐一起過著日出而作的日子，整整有一年半時間，多數人躲在山洞裡無法工作，一直到台灣光復，那時候已經是小四的下學期末了。回到學校之後，政府改制，所有的小學理所當然的開始教中文，但因為日籍老師尚未遣返回國，只能繼續任教，他們通常是一邊學一邊教；憑心而論，日本老師實在是相當認真的，就算已經投降，還是服氣的自己去學中文再來教學生，直到他們全部被遣送為止。

小學的六年生活，是一段不堪回首的灰暗時光；小時候被長期霸凌的陰影，導致我即使在長大成人之後，仍然不喜歡曝光在公眾場合；就算是擔任某些職位，必須要面對人群，也會盡量選擇逃避。例如職務的關係，率隊參加國際競賽，或是到各競技會場觀看運動競賽，如果我們的選手贏了，總會有許多人上前去祝賀，這時候，我習慣待在後方；但如果選手不幸落敗，我反而會到選手面前拍拍他們的肩膀，給他們一些安慰，這變成我的一種獨特風格。然而，這應該是幼時被孤立排擠所造成的影響。

因為一般小學上課學的是日文，下課時間可用台語交談；附屬小學全校的老師都是日本人，無論上下課的時間，要求全日語溝通。無形之中奠定了我日文的良好基礎，讓日後的求學過程中，相較於其他同學，我的日文給了我極大的優勢；另外，在被孤立與欺負的小學過程，也造就了自己，有堅忍的毅力忍受孤獨，反而訓練出認真讀書的態度。換個角度來看，這對我而言，不啻是一種另類的幫助。

我是不存在的隱形人

初中時，因為家貧沒錢買書包課本的我，因此空著手進出學校三年，加上沒有制服，為了閃避老師，我經常都是翻牆偷溜進教室，一次作業都沒有交過，因為沒能力購買作業本。對同學而言，自己活像是不存在的隱形人，有些老師也不太注意我，唯一注意的時候，就是未交作業被罰站的時刻⋯。

戰爭結束後，父母從廣東準備返台，當天的清晨，不幸遭受搶劫，所有打包好的行李、錢財全部都被搶光，連戴在手上的手錶，都硬生生的被扯掉，唯一幸運的是，父母還能平安的抱著兩位在廣東出生的弟弟回來團聚。只是接下來的苦日子，讓我中學的窘況可以和小學時期相匹擬。

小學畢業後，就去當童工賺錢，幫忙維持家計的孩子並不在少數，我的二哥就是其中之一。那時候的我，原本小學念完就要跟著哥哥去當報童，一方面是當時的初中要考試，可是考試需要準備，但是因為連課本都沒有，根本無從準備起；另一方面因為有被霸凌的經驗，所以對學校自然沒有什麼好印象。然而失去求學機會的二哥，堅持要我去考初中，不希望自己的弟弟步上他的痛苦後塵。

戰後的招生考試分成兩階段，成績較好的學生，在第一次招生就已經上榜，第二次招生的學生程度相較下差多了，考上的機會自然就大了許多。而我就在第二次招生考試的時候，糊裡糊塗的考進了新竹縣立中學。

初中階段，數學是自己唯一較有自信的科目。其實從小學到初中，我的數學考試幾乎沒有低於九十五分，小學六年級的時候，有一次老師宣佈數學考試成績，他說全班只有五個人及格，並褒獎了他們，當時我十分驚訝，自己怎麼會考的這麼差！結果考卷發下來，上面寫著大大的一百分，但是我當下並沒有做任何反應，老師大概也沒有注意到我吧。

初中一年級的某次月考後，老師公開宣佈我是全年級唯一數學一百分的學生，一般人應該是欣然接受這樣的表揚，但當時的我，呆滯的看著地面，完全沒有高分的喜悅。不過同學們知道我的數學很好，偶爾會來請教問題，我也就藉著這些機會，向他們借課本來閱讀。另外，初中時期，某一次上國文課時，因為沒有課本的關係，老師要求背誦的課文無法完成，只能被叫起來罰站，當時我看著前排同學的課本，默唸了幾次，竟然就把課文記熟了，這時候發現，自己除了數學的理解力比別人好之外，老天還讓我擁有超強記憶力的天賦。

不過這兩項天賦，並沒有對我的初中生活造成太大的改變，我一樣每天翻牆上學，連一次升旗典禮都沒參加過，直到如今我還是不會唱國歌、升旗歌，每學期的操行分數都是紅字，備註欄總是寫著「留校察看」，但始終沒有被退學，大概是我除了未交作業外，從來也沒惹麻煩的緣故吧！

除此之外，那時候的我身體十分瘦弱，初二那年，有天被某位學長譏笑不會玩單槓，連簡單的引體向上都拉不上去；受學長的刺激下，我開始鍛鍊身體，每天都拚命的拉單槓，藉由單槓所訓練出來的肌力，竟使得我可以跟著學長一起練習體操，並成為改變我一生的運動。從那時候開始，一直到大學二年級為止，一年三百六十五天都沒有停止練習，每天持之以恆的花兩個小時在體操上面。長期不間斷的練習，讓我明顯的感覺到自己的進步；也許是體操練習的成果，一直到就讀師大體衛系的時候，除了籃球以外的每一樣運動，我都能很快的上手，學的也比別人快。

體操運動除了培養出自我約束與嚴謹自律的要求外，就如「翻滾吧！阿信」一樣，磨練出我的體操精神——一股堅持到底的向上力量。

挑戰不可能任務

所謂的「信心」，並不是以言語或個人的期待、希望來衡量，而是以個人的行動來表現。信心的強度，決定目標的強度。埃爾默・萊特曼（Elmer Letterman）註在五十年的經驗裡，訓練兩萬位以上行銷人員，他做出結論說：「智慧、背景、教育、經驗，大約在同等的基礎上，最後勝出的是，懷有最強度的目標者。」

一位在阿肯色州（Arkansas）種植棉花，失敗破產再崛起的石油大亨HL亨特（H. L. Hunt），被問到如何奮鬥，變成世界首富之一的成功秘訣時，他說：「你只需做兩件事，第一，你必須精確地決定你所要的是什麼。第二，要確定必須付出什麼樣的代價，去取得所要的目標，然後下決心，付出代價。」

當你相信並且認為「我可以（I can）」時，腦內的網狀活化系統，會激發你的動機去承諾、產生信心並集中注意力，朝向自我認為的方向，去實現最大的成就。如果所要追求的目標，超越了自己的能力範圍時，就會對目標做適度的調整，並不會輕易放棄。

要培養正面的心態，以及積極主動做事的習慣。遇到每一件事，首先就要尋求解決問題的方法，即使看到困難點，更要想出克服的方法。避免產生：「這個不可能！」、「那個不可能！」，或「假如你可以做得到，別人早已做到了。」之類的負面想法。當一個人相信，某一件事是不可能做到時，總會想出許多理由來證明自己的論點，根本就不會有強烈的企圖心，去克服困難，解決問題。你如果經常被負面思考的人群圍繞，潛移默化的感染之下，就會變成否定自己成功的人。我們要隨時警惕自己，尋找可以強化自身正面心態的朋友。要不斷警惕自己，培養積極的態度，凡是遇見新的挑戰，第一時間就要懷著Yes, I can的心態去面對。

要打全壘打，先嘗試被三振吧！

害怕失敗是人之常情，適度的害怕，可以幫助提高警覺，集中注意力。過度害怕會影響付諸行動的能量，阻礙自己邁向成功之路。為了培養勇氣、面對失敗，我們就要經常自問：「如果失敗，最壞的情況為何？如果成功，最好的情況為何？」從許多的經驗可以發現，失敗的結果，經常是微不足道，甚至反而是一件好事，培養了勇氣且增加經驗與智慧。IBM的開創者湯瑪士J. 華森（Thomas J. Watson）說過：「如果你想成功，就要加倍失敗的頻率。因為成功就座落在失敗的另一端。」換言之跨越更多的失敗，才會攻上成功的頂峰。失敗者往往就在失敗的中途棄甲逃匿，湮沒在人群中。成功者就會將每一次的失敗，視為更有智慧的經歷，並重新開始的另一個機會。

貝比・魯斯（Babe Ruth）註 在創造全壘打記錄的同年，也遭受了比其他球員更多的三振。假使沒有勇氣嘗試被三振的滋味，就沒有機會品味全壘打的甜蜜。美式橄欖球的名教練文森・隆巴迪（Vince Lombardi）[註]，有一次帶領綠灣包裝工隊（Green Bay Packers）比賽，輸了球以後，當記者問他輸球後的感想時，他說：「我們並沒有輸，只是時間不給我們機會。」成功者與失敗者的差別，就在於失敗者很容易接受失敗，成功者不可能接受失敗，他們知道用正面的心態看待不如意的結果，是可以幫助自己趨向成功的目標。

傳統的文化裡，一般人不敢面對新挑戰的因素，往往在於害怕失敗。而多數人面對失敗的反應是情緒低潮，意志消沈。

美國聖母院大學（University of Notre Dame）的行銷專家赫伯特・楚（Herbert True）做過電話行銷的研究，發現銷售員打第一次電話，被拒絕即放棄有四十四％，打了第二次即放棄有二十四％，打了第三次即放棄有十四％；依序統計的結果，六十％的商品，在第五次以上的電訪才售出。然而實際數據呈現九十四％的人，放棄了六十％的機會，僅有少數人會鍥而不捨的推銷他們的商品，而這六％的人就具備了成功者的條件之一。**失敗是學習過程中不可或缺的部份。有些人生的經驗和領悟，智慧學習的培養，必須在遭遇失敗的處境才能體會。所以不但不應該怕失敗，反而要欣然去迎接失敗。**

一位沒有讀完大學，卻能榮獲四十六所大學的榮譽博士學位的發明家、數學家也是哲學家巴克明斯特・富勒（Buckminster Fuller）註說：「我之所以懂得許多事，就是因為做錯了許多事。」只要願意受教，隨時睜開眼、耳，每次的挫折就是很好的體驗，每個逆境都是幸福的偽裝，你必須面對、經歷，否則不了解什麼是幸福。每個人都會有慾望想追求財富、名望和權位，即使胸無大志，只想過著最平凡的生活的人，也會期望有幸福的婚姻、快樂的家庭、待遇優厚的工作。這種慾望，就是我們追求成功和成就一切的起動力。

每一位從事運動訓練或學習樂器的人，都會多次遇到「高原期」的經驗，意即學習停滯不再進步。但每一次突破高原期時，都會提升自己到另一個境界。人生的旅程，或是工作上的能力、學術的研究…等，也都是同樣的道理，只是有些時候可以明顯感受到提升，有時需要進一步深入探討才能感受。在這樣突破或停頓的過程中，區別了成功者和一般大眾的迥異。

發現三百二十五種花生的用途的化學家喬治・華盛頓・卡佛（George Washington Carver）註說過：「有九十九%的失敗者都會為失敗找藉口。」人們一旦想找藉口，說明失敗的理由，就會更相信失敗的合理性，根本不會努力改善自己，從短暫的挫敗中吸取經驗。**我們不可能會有百分之百的把握，事事都能做成功，但是我們都有百分之百的責任和能力，可以在失敗的遭遇中，重新站起來。**

從前美國南方有許多農地貧瘠，卡佛發現種植花生可以讓土質變的肥沃，所以大家都一窩蜂的種起花生；雖然改善了土地的貧瘠，但是生產過量的花生，農民們找不到銷售出口，為了幫農民銷售過剩的花生，他研究出三百二十五種用花生製造的產品。

在人生的旅程中面對挑戰，就是考驗一個人在用盡一切的資源、容忍、熱情、堅持的毅力、信仰和價值觀等，都被壓迫到極限的臨界線時，只有少數非凡的人物可以突破臨界線，做出非凡的事業。

我的老師，是一位清潔工

偉大的廢奴主義者弗雷德里克・道格拉斯（Frederick Douglass）註有一次對著聽眾說：「我認識一位黑人小孩，六歲時父母雙亡，沒人照顧。他是個黑奴，晚上都睡在一間骯髒小屋的地上，天冷的時候，只能躲進粗麻布袋內，把腳靠近到壁爐，在屋外的一面，沒有長褲可穿，只能披亞麻布毛巾，經常生活在飢餓邊緣，和狗互爭，掉到桌子底下的碎屑食物。他沒有上過學校，從韋伯斯特（Webster）的字典學會拼音、拼字，後來成為牧師，可以佈道，又成為非常有影響力的演說家，創辦並編輯一份支持廢奴的報紙，又成為美國的外交官，刑事法院的法官，也成為總統候選人和國家的高級將領，當然也擁有了龐大的財富，那位小孩就是我──弗雷德里克•道格拉斯」。

美國有一位相當令人欽佩的老師貝西•彭德（Bessie Pender），她從小生長在貧困的家庭，六位兄弟姊妹都沒有機會接受高等教育，結婚以後丈夫又沒能力維持家庭生計，必須仰賴她的工作來扶養一位女兒和丈夫的生活。她在維吉尼亞州諾福克（Virginia Norfolk）的一所小學做清潔工，打掃辦公室和教室，一連工作了十七年。有一天在八月下旬，照常到學校清潔打掃，看到教室內桌椅東倒西歪，書架上的書亂七八糟，地上也散置著許多書、筆記本、紙張和筆…等。她心裡想著長年來，幾乎每天都要去清潔整理這種髒亂，是否值得繼續去做這份工作，心裡又想著是否應該設法教育這些孩子們。那一天的心緒，改變了她的人生。

她申請住家臨近的一所大學修教育學位。兩個月後得到入學許可，但是以三十八歲的年齡加上家庭的經濟拮据，學生生涯的艱難程度，或許不是一般人可以體會得到的。貝西早上到學校上課，下午去小學當清潔工，晚上還要照顧家庭，每天晚上都是以書本當枕頭，每學期還要為學費奔走，有些教授認為她不可能完成學業，幸好她的父母相當支持，父親提供自己的老年津貼資助學費，也經常開車帶她去上學和工作，一直到身體健康出了問題為止。她辛苦的熬了七年才完成學業，只可惜父親已罹患肺腫脹，無法參加她的畢業典禮，並且在一個月後過世。

貝西的艱苦歷程令柯爾曼（Coleman Place）小學的校長印象深刻，所以在申請教職時就聘用了她。她到學校任職後，每天早上提前半個小時到校，九點半上課前她會站在教室門口，以擁抱每一位學生的方式歡迎他們到學校。每天上完課後，她會帶領那些五年級的學生清潔整理教室。

瑞莎・克拉克・金恩（Reatha Clark King）是一位州立大學的校長，她生長於喬治亞州（Georgia）南方一個非常窮苦的家庭，母親只有讀到小學三年級，父親完全不識字，連自己的名字都念不出來。她在這樣的家庭成長，想讀大學的夢想，可想而知是多麼困難的一件事。然而她卻有著超乎常人的堅韌意志，為繳納學費，只要能賺錢的工作，無論是白天或夜間，她都毫不選擇地接手去做，即使是再卑微的職位，她都全心全意地盡其所能。即使如此，有些時候仍然籌不足學費，可是這位從不顯出疲憊的天才，不但沒有放棄學業，在同學間的表現仍然相當傑出。之後她成為美國女性黑人，第一位取得化學博士學位的人，更擔任白人佔優勢的明尼蘇達州（Minnesota）第一位黑人州立大學校長，也是第一位黑人女性，當上米爾斯（Mills）將軍基金會的執行長。

艾瑞克・威邁爾（Erik Weihenmayer）出生的時候帶著一種稀有的疾病基因，在他十三歲時視力變成全盲。剛開始他也會慌張、恐懼、痛苦。但後來他決定把殘障的缺陷變成優勢，他積極的參與自己所喜愛的運動。艾瑞克開始學角力，參加中學的角力隊。也參與空中跳傘、海底潛水、滑冰、跑馬拉松…等運動。在十六歲學習攀登之後，他特別喜愛這項運動。他決定突破一般盲人做不到的事，甚至正常人都很難做得到的事，挑戰高難度的攀登。

在攀登的過程中，他細心的觸摸岩石，了解它的結構和品質；用皮膚感受風吹過皮膚的差異，靜靜的傾聽風聲，來學習體會風速和風向。艾瑞克不斷挑戰更高難度的山，並且使用正常人所用的登山器具，他終於成為一位世界級的登山者。他爬過全世界六洲七塊大陸所有最高的山。他知道企圖爬上世界最高峰的聖母峰（Mount Everest）者，有九十％的挑戰者未能成功，有十％的挑戰者無法生還。艾瑞克克服一切，登上兩萬九千英呎的世界最高峰，成為「時代」（Time）雜誌的封面人物，代表第一位攀上「聖母峰」的盲人。登上高峰的過程，處於零下三十度的氣溫，風速超過每小時一百六十公里，風向瞬息萬變，光滑堅硬的冰塊，深而危險的山間裂隙，一失手或失足，都有可能喪命的情況下，他卻成功地克服一切。電視頻道Discovery特別報導他一生挑戰七次成功登上「聖母峰」的事蹟。艾瑞克說：「聖母峰不只是世界山頂高峰，它帶給生命不可思議的奇蹟，它讓我們領略身心靈登峰造極的威力。」的確，他的奇蹟鼓舞我們的想像，世界上還有什麼事情做不到的？

從上述幾位的簡短故事，可以窺視每一位，都是經歷過成長的艱難逆境，脫穎而出。相信許多人的生活與身體的條件應該比上述任何一位的條件都優渥許多。那麼，我們豈能有任何理由辯稱自己為何沒有成就。

成功者所遭遇的困境，並不會比平常人少，甚至比一般人還要來得艱辛，只是成功者有優異的溝通能力，可以對自己內在的心靈詮釋，面對的逆境是自我訓練的好機會，是為迎接更重要的任務，更龐大的工程做準備。決定一個人是否會成功的關鍵，不在於他所面臨的處境，而是在於對面臨的處境應變的方式與態度。

死亡只是個開始

如果一個人堅持不放棄他的生命時，他就不會死亡。

——諾曼・卡盛（Norman cousins）註

每個人的潛在意識裡，都有隱藏著維護公平正義、見義勇為的氣質，如果沒有機會發揮這項氣質，它會被湮沒在心靈深處。缺乏了維護公平正義、見義勇為的氣質，就會逐漸消失激情與活力去追求理想，而沒有理想的生命力一向都很薄弱。曾經有些研究指出，老年人在過年、過節和生日前後一個月內的死亡率。統計顯示，過完年節或生日後的死亡率明顯偏高。那是因為在過年節或生日以前，有一種與親人相聚的期待，這樣的期待感維持了他們的生命力，這統計蘊涵著令人深省的意義。

維護公平正義的英雄氣質，必須透過訓練來培養。當面對挑戰、克服困難的過程，是塑造人格特質的最佳機會。一位深受世人敬仰，於一九七九年獲得諾貝爾和平獎的德瑞莎修女（Mother Teresa），她的無私奉獻的勇氣，維護公平正義的精神，一直被許多人認為是與生俱來，不可思議的人格特質。其實，這位生於阿爾巴尼亞的印度修女，本來在印度的加爾各答（Calcutta）教育富家的子女，二十年來她的生活圈，從來沒有擴展到工作區域周圍的貧民區；直到有一天晚上，當她走在街上聽到有位婦女求救的哭泣聲，她意識到婦人生命垂危的嚴重性，立即抱著婦人趕赴醫院，結果醫院竟然置之不理，要她等候。德瑞莎知道婦人病危，無暇等待，立即又趕赴另一家醫院，結果還是被冷落；因為一般的印度婦人的社會階級備受歧視，連簡單醫療照顧都無法獲得，在絕望之餘，德瑞莎將婦人帶回家，當天晚上婦人在她的懷抱中斷氣。那一瞬間改變了德瑞莎修女的人生。她決定從此以後，在能力所及的範圍，絕不讓類似的事件再度發生。修女在一九五〇年，建立了一個羅馬天主教修女組織慈善傳教會，獻身於扶助所有貧困無助，和瀕臨死亡的人們，並維護他們的尊嚴。

同樣地，我們可以透過人生的許多困境，自我訓練特有的人格品質。每當遇見逆境，應該慶幸有了機會，可以自我培養成為更高尚的人。

偷了我的錢包，就像偷到垃圾一般

發現美洲新大陸的哥倫布（Christopher Columbus）說過：「真理就是真理，即使有一千個人選擇相信愚蠢的事情，它仍然是愚蠢。真理不是眾人的意見可以改變，我寧願孤獨遵從真理，也不會隨著庸俗的意見搖旗吶喊。」有邏輯概念的人都知道，眾人的意見無法改變真理的存在，不同的時空也不會影響真理的存在。成功的規律就如同重力加速度的原理一樣，不會受到任何人事物而有所改變。哥倫布不但認知真理，更有勇氣排除眾人的意見，在大家認為地面是水平，所有航海家只敢沿著海岸邊緣航行時，他選擇遠離海岸的視線，朝著和海岸垂直的方向航行，而成為歷史上第一位橫渡大西洋，發現新世界的人。

他也以行動幫助了波蘭天文學家哥白尼（Copernicus）註確立地球是圓而不是平面的理論，推翻埃及托勒密（Ptolemies）王朝的地心說註，提出地球與其他行星繞太陽運動的日心說。

每一位成功者都有一種特質，一股超乎常人的勇氣。這項特質並非與生俱來，必須假以時日努力培養。培養勇氣的基本模式，根源於要有強烈的慾望，並且確信會成功。這種基本模式，同樣適用於人生所有其他的領域。另外要養成獨立思考，不受眾人意見左右的習慣，積極主動的態度，肯定自己的能力，將會更強化勇氣，面臨挑戰，完成更大的成就。

敞開心胸學會接受失敗，否則未來的生涯中，將很難接受失敗的結果。只要不退縮，內心不會縈繞著過去所犯的錯誤，學會從從錯誤中攝取有利於追求成功的養分，成功的目標，指日可待。我們不能一直看著後視鏡開車來到達目的地，只有要轉換車道時，才需要檢視一下後視鏡，判斷轉換車道是否安全。同樣的情形，人生的旅程中，只有遇到需要改變目的或策略時，才要檢討過去導致錯誤的原因。平時要成為一位如海綿吸水，吸取自己專長領域裡大量的知識，進一步運用吸取的知識，訴諸行動，並承諾自己非達成目標不罷休，任何障礙都無法阻止，這種結合可以提昇勇氣的內涵。

隨時著眼於所要追求的目標，徹底避免抱怨自己不如意的遭遇，恐懼會招致失敗，產生後悔。莎士比亞說：「我們的疑念，是自己的叛徒，使我們不敢嘗試，有可能贏的機會，卻招來輸的後果。」。你必須要有雄心壯志、大膽進取的精神、永不鬆懈的意志力、有動力想做不凡的人，才能培養出勇氣。

真誠是人品中最寶貴的資產，不單要誠實，還要能堅持，不受人情、財力、權位的壓力，而改變評價與判斷。即使脫離別人的視線，仍然保持同樣真實的標準。「真誠」是與別人建立長期合作互信的基礎，擁有真誠的人，必定是言行一致，信守諾言，負責任，有勇氣承擔錯誤，追求完善。出自內心的真誠，所放射的能量可以影響、鼓舞周遭的人，使人生過得更幸福、快樂和更有意義。莎士比亞：「誰偷了我的錢包，等於偷到垃圾，誰剝奪了我的健康，會讓我失去一些，當剝奪了我的真誠，就會令我失去一切。」，可見真誠是成功者多麼寶貴的品格。

李小龍的最後一封信

夢想家常常會提出一些理想，惟只有成功者，才會把夢想轉化成真實的結果。要成為什麼樣的人物，付出積極的行動，還不一定能夠順利地達成，但不徹底執行去追求，就根本無法實現願望。

德州有幾位醫師，做了一項膝關節鏡內視手術的研究。他們對部份病患麻醉後，假裝進行手術。觀察兩年後的結果，發現有做手術和沒做手術的病患，都同樣被治癒。那些沒有被開刀的患者，腦部的思維裡，已經預期著術後膝關節會復原。結果實際的狀況就如同預期的結果。

人腦為什麼會有這種功能？研究期望理論的神經心理學家們指出，**當潛意識裡存在著強烈的欲望，並且深信不疑時，人腦就會負起任務，想盡辦法讓期望的現象真正實現。**研究成功科學的專家們都知道，人腦是尋求目標的器官，只要你的慾望夠強烈，你的潛意識就會日夜不停地工作，追求目標的實現。

一九八四年奧運會的十項運動金牌得主，布魯斯・詹納（Bruce Jenner）有一次詢問美國奧運的選手們，有誰寫下了自己要達成的目標，幾乎每一位選手都舉手。但是當他再問那麼有誰把寫下來的目標帶在身邊，隨時提醒自己，結果只有一名叫做丹・歐布萊恩（Dan O'Brien）的選手舉手。而這位選手就是一九九六年奧運會上，十項運動的金牌得主。這一點說明了不要小看寫下目標，所能發揮的功能。

在紐約的好萊塢（Planet Hollywood），保存著有一封李小龍(Bruce Lee）於一九七〇年一月九日寫給自己的信。他決定在一九八〇年以前，要成為美國的最佳東方演員，所以每一次在攝影機前，他都盡最大的努力，扮演好自己的角色，使得每一部影片可以獲得千萬美元的報酬。事實上，一九七三年，在他三十三歲突然去世的那一年，他的第三部影片「龍爭虎鬥」（Enter the Dragon）上映，便轟動了全世界，實現信上的心願。

明天，我們一定會挖到寶藏

幾乎每一位成功者，當面臨問題或障礙時，都會自覺地，相信自己一定可以克服困

難，心境也會處於充滿信心的狀況，進而引導下一步的作為。

我們對於外在世界的認知，是經由味覺、視覺、聽覺、觸覺、痛覺，透過腦神經系統的綜合整理，再經過複雜的過濾程序，才有了具體明確的詮釋。每一個過程，都承受著個人的生理狀況，認知水平、信念體系、價值判斷和態度…等的影響。例如：讀了同一本書，第一次與第二次的心得，往往會不大相同，那是由於認知水平改變的結果。所以每一個人對於外在世界的認知，是有條件地不斷在改變；對於面臨一切事件的詮釋、內在的心境…等，都是個人主觀意識可以左右的現象。

古老的農業社會，遇到乾旱季節時，都會藉由宗教儀式來祈雨。澳洲有個原住民部落聞名世界，他們跳舞祈雨，有求必應，引發大家的好奇。有位媒體記者專訪酋長，想要探究祕訣，結果酋長的回答是：「沒有秘訣，我們只要每天跳，跳到雨下來為止。」也許讀者們會覺得，這是多麼愚笨的行為，可是這個現象說明了一件事實。他們相信跳舞可以達到祈雨的效果，促成了他們繼續堅持跳下去的毅力。

梅爾・費雪（Mel Fisher）花了十七年的時間，尋找海底的寶藏，終於找到價值四億美元的金和銀。當他的船員被問到，為何可以跟隨著他那麼長久的時間？船員的回答是：「他每天都充滿著信心，有把握找到埋在海底的寶藏，而他充滿信心的態度，會感染到所有的船員。他可以讓船員很興奮地感受，明天一定會找到寶藏的情境。」這個真實的故事，也說明了成功者之所以會成功的關鍵，在於內在的心境，本來就存在著信心，認知自己會有能力，完成所想要追求的目標。

每個人遇到一件挑戰或需要完成的任務時，如果第一時間就存著懷疑的態度，不敢相信自己是否可以勝任。那麼接著下去的結果，失敗的機率一定非常高。對於尚未執行的任何工程，一旦有了一些存疑的跡象，在潛意識裡就已經自我設限，不會全力以赴地想去完成工作。

成功者之所以會成功，是由於他們在面對預計要完成的工作，一開始就充滿著信心，從未懷疑工作是否可以完成。成功者都有一種特殊的能力，敏銳地察覺，在難題或逆境的縫隙間，所隱藏的有利條件或可能性，催促自己改變策略，繼續追求期待完成的目標。每個人只要相信它的可能性，潛意識就可以把灼熱的欲望轉換成事實。

我們的身體是億萬細胞所組成，每個細胞都有高度敏感性，接受心腦的影響。當心腦昏睡，不積極想像時，身體的細胞，自然也會隨之消極懶散。信念主宰個人的行為，是很明顯的道理。例如以一顆恐懼的心，來面對事件時，那麼在行為上，就不可能會有勇敢的表現；痛恨一個人，就不會對他仁慈；沒有信心，就不會有膽識、果斷。

麻醉醫學大師亨利・比徹博士（Dr. Henry Beecher），曾經在哈佛大學，邀請一百位醫學院的學生，參與一項實驗。他將一種鎮定劑裝進紅色膠囊，供給學生服用，並且告訴他們那是超級興奮劑。另外又將興奮劑裝進藍色膠囊，同樣給學生服用時，告訴他們那是超級鎮定劑。在服用藥物以後，有半數學生表現出來的身體反應，與給予藥物時的訊息一致，並沒有受實際藥物的化學作用所影響。所以博士的結論是：「藥物在體內的效應，不僅有化學作用，病患相信藥物可能產生的效果，也會影響它在體內的作用。」從這樣的例子將可以瞭解到，人腦的相信系統，是如何在操控著一個人的行為。

還有另一個案例，可以進一步幫助我們瞭解這個現象。人類從過去千年以來，一直相信著，人類的極限不可能在四分鐘內跑完一英哩（mile）的路程。但是在一九五四年羅傑・班尼斯特（Roger Bannister）註除了身體的鍛鍊以外，在內心裡不斷想像自己突破極限的可能。當他確實突破四分鐘的關卡以後，更激勵了許多跑者腦內的信念。於是在羅傑・班尼斯特，打破四分鐘關卡的同一年，立即有三十七位跑者跑進四分以內。隔年的一九五五年，更有另外三百位跑者，成功突破這所謂的關卡。

如果相信的意志不夠充實，則所謂的「相信」將僅止於意見。但如果對於信念毫無存疑，則所謂的「相信」就是確信。

註

1 埃爾默・萊特曼（Elmer Letterman）是20世紀60年代末，世界著名的人壽保險專家，他所做的人壽保險業務，有許多年銷售達到2.5億美元。

2 貝比・魯斯（Babe Ruth，1895年-1948年）是美國職棒史上1920~30年代的洋基強打者，帶領洋基取得多次世界大賽冠軍。生涯累計714全壘打，1936年成為首批入選棒球名人堂的五人之一。1998年運動新聞將他排百大棒球員的首位。

3 文森・隆巴迪（Vince Lombardi，1913年-1970年）美式足球名教練，以執教風格嚴格著稱，從未有過負多勝少的賽季，僅用了兩個賽季就讓其球隊奪得冠軍，並在九年內讓球隊拿到89勝29負4平的成績，以及兩屆超級盃冠軍。

4 巴克明斯特・富勒（Buckminster Fuller，1895年-1983年），美國哲學家、建築師及發明家。發表超過30本書，他還開發了眾多的發明，主要是建築設計，最著名的是在球型屋頂。共取得28項的專利。

5 喬治・華盛頓・卡佛（George Washington Carver，1864年-1943年）美國著名的農業科學家之一，除了對花生的研究，他對於美國南部窮苦非裔美國農人提供協助。當時的總統在他去世後，建立了首座為非裔美國人成立的國家紀念館。

6 弗雷德里克・道格拉斯（Frederick Douglass，1817年-1895年）十九世紀美國廢奴運動領袖，是一名傑出的演說家、作家、人道主義者和政治活動家。在廢奴運動中是一位巨人般的人物。

7 諾曼・卡盛（Norman cousins，1915年-1990年）是美國的政治記者，作家，教授，以及世界的和平倡導者。

8 尼古拉・哥白尼（ Nicolaus Copernicus，1473年-1543年）是波蘭天文學家 ，是第一位提出太陽為中心—日心說的歐洲 天文學家，一般認為他著的《 天體運行論 》是現代天文學的起步點。

9 地心說（Geocentric model），古人認為地球是宇宙的中心，而其他的星球都環繞著它而運行的一種學說。但是在文藝復興時代，隨著科學技術的進步，一些支持日心說的證據逐漸出現，且有些證據無法以地心說解釋，地心說逐漸佔了下風。

10 羅傑・班尼斯特（Roger Bannister，1929年-），英國著名運動員，神經學專家。他是第一個在正式比賽場合4分鐘內跑完1英里的人類。

第2堂課

開車時，請往前看

外祖母的一炷香
偷渡課本到軍中
你駕的船，有指南針嗎？
我相信，那張醫師執照是我的
確定你要買的車

看著後照鏡開車，怎能到達目的地？
集中焦點看未來，才是追求成功的開始。

外祖母的一炷香

初中混畢業後，我仍然想要趕快賺錢養家去，卻因為一位遠親長輩，拿了一份竹南中學，第一屆試辦高中的招生簡章，在長輩的好意之下，本來以為應付了事就好，沒想到又莫名奇妙的考上了。後來回想，當初的招生考試，應該是有報名就能入學。

高中的同學很多都是空軍子弟，班上的讀書風氣並不盛行，程度也都不怎麼好。那時的家境已稍微好轉，開始有錢買課本、制服，所以和同學間也算是平起平坐。當年同學們最怕的科目，剛好是我的強項—數學。為了問題目，他們都會對我示好，這樣的情形與小學、初中的遭遇相比，可說是天壤之別。自然而然的就和同學打成一片，三五成群的就像群小流氓，常常在外面廝混到三更半夜才回家。雖然如此，所幸我當時還有一個主要的寄託—體操，為了保持練體操所需要的體力，我不抽煙、喝酒，沒有染上不好的習慣，仍然每天自律的努力練習。

直到準備升學的高三，有一天半夜回家時，一踏進門就看見外祖母拿著香在拜拜。

「菩薩，時間晚了，我的孫子阿嘉還沒回來，請祢要保佑他平安趕快回家⋯⋯」外祖母舉著香，口中喃喃低語。成天在外面遊盪到三更半夜的我，無意間看到外祖母對著神明祈求，那張佈滿皺紋風霜的臉龐，充滿虔誠的神情；當下心中的感受，簡直令我無地自容。

當年老人家獨自一人帶著我們，熬過了戰亂的困苦生活，當她七十幾歲的時候，還因跌倒造成髖關節脫臼，從此不良於行。高三那年，外祖母已年過八十歲，看著她跛著腿一拐一拐的走到神壇前，向神明祈求我的平安⋯⋯。即使在六十年後的今天，回想起來，仍感到深深的愧疚而潸然淚下。但是也由於老人家的這一炷香，點亮了我人生未來的道路。

隔天起，我就乖乖在家，開始認真準備考大學。高三下學期，是我人生第一次認真想讀書。也許是憑著自己超強記憶力的天賦，以及一直以來對於數理的擅長，最後以公費資格考上師大體衛系，是當時家裡第一個上大學的人。在進大學之後，我開始接受更嚴格的體操訓練，當時一起練習的學長和老師，都期望我能夠繼續往體育發展；但就在大二那一年，我決定結束體操運動生涯，放棄七年的心血，當然也非常不捨，而自己也並非對體操失去興趣，只是深感七年來，因為練體操失去了很多學習的機會，如果把這些時間用來讀書，應該會有更大的成就。加上當時台灣並未籌組體操協會，參加國際組織，選手們沒有機會參加國際賽會。猶豫了幾個星期之後，決定徹底的放棄。這個意念，也是我人生轉變的另一個關鍵。

偷渡課本到軍中

「我的知識幾乎都是自修來的，特別是英文。軍中入伍訓練的三個月，我背完了十三冊的英文課本，所有的空閒時間都在背英文，這是我一生都忘不了的經驗！也因為如此，我覺得沒有什麼是做不到的事。」——林德嘉

決心往唸書這條路前進之後，我養成每天讀書的習慣。由於當時師大沒有理工科的課程，所以我只好跑到台大醫學院，去旁聽人體解剖學、人體生理學，以及台大理工學院的力學、邏輯、微積分等課程。三年的時間，我忙碌的出入台大教室，也讓日後的進修奠下基礎。最先旁聽生理學，是因為跟運動比較有關係，生理學裡需要一些物理化學的概念，**由於旁聽的關係，發現自己這些方面的基礎相當薄弱，反而激發了我對於補齊自己基礎不足的信念。**

另外，當時台灣的運動科學基礎不夠紮實，進了台灣師大體衛系讀書後，我經常會從日文書籍中，去汲取所需的知識，像是豬飼道夫著作的「運動生理學」及「運動力學」⋯等，一些當時較先進的日文運動教科書。這得感謝小學所奠定的深厚日文基礎，使得我在閱讀方面幾乎是毫無困難，經常將學習的心得，在課堂上分享給同學，也讓老師們能夠教學相長。

由於中、小學時期學業的荒廢，國、英文的基礎相當薄弱，所以在大學畢業後，便決心要把以前沒有學好的部份，一一的補回來。所以在新竹中學實習教書的時候，便去買了古今文選，因為古今文選裡有注音，也有注釋，就算不懂也可以查得出來；如果有好的文章，我就可以把它背下來。在這實習的一年當中，我大幅的改善了自己的中文程度。

雖然在師大讀書時，我就立志出國進修，不過英文從初中以來，幾乎沒有好好的讀過，所以我決定利用服役的時間痛下苦工。買齊了梁實秋所編撰，初一到大一的十三冊英文課本後，我拎著這些書到車籠埔報到；沒想到事出意外，軍中規定嚴格，所有私人物品都必須集中保管，不可隨身存放。但是為了不破壞原定的計畫，我將十三本書一頁、一頁的撕下來，捲成細細的一捲，然後按照順序，一捲捲塞到寢室通鋪的隙縫，以及天花板與牆壁間的空隙；完成「藏書」的大工程後，每天再一張張拿下來塞在鋼盔、皮帶裡，然後利用出操的休息時間，以及星期天放假的時候，一張、一課、一本本的熟讀，完成中學至大學該學的英文教材。

三個月的入伍訓練，背完十三本英文課本，似乎沒有什麼了不起。但事實上，七、八、九月的夏天，每天都在野外超過八個小時的軍事訓練，利用十分、二十分鐘的休息片刻，大家靠在樹底下打瞌睡的時候，我為了考驗自己的毅力，毫不鬆懈的背完這些書，奠定好英文的基礎，也肯定了自己的能力。也因為這些基礎，讓我接下來的人生有足夠的條件，能閱讀英文的書籍，即使到美國也能無障礙的研讀下去。

這樣幾乎所有的知識都是自修得來的情形，讓我培養了相當的自信，我相信沒有什麼是做不到的事。

你駕的船，有指南針嗎？

生長在貧困潦倒的科西嘉島（Corsica Island）的拿破崙（Napolen）註後來變成法國革命的大英雄；原本出身卑微的小報童，後來成為世界最偉大發明家的愛迪生（Edison）註；出生於肯塔基州（Kentacky）的林肯（Lincoln），還有被譽為美國最積極的總統羅斯福（Theodore Roosevelt）註，都是一步步達成他們明確的目標。**任憑一個人有多大的雄心壯志，如果沒有目標，就像漂泊在大海中沒有方向盤的孤船。**

可是為什麼大多數人，在人生裡從來不曾設定目標？其實大多數自以為設有目標者，都是模糊而不明確。例如許多人都想要很有錢，但如果進一步問，要多少才算有錢時，答案通常是多多益善，卻講不出具體的數目，更無法說明為什麼需要這些錢，以及用什麼方法去累積這些財富。這樣模糊的說詞，只能算是願望而已。這就好比拿一支凸透鏡，在陽光底下收集太陽的光線，照射在木板上，不久就會穿透出一個洞。假如不集中在一個焦點，那麼分散的能量，即使耗費千百年，可能連些許焦痕都無法產生。這說明要有確切的目標，可以集中焦點，確定努力的方向，才有可能邁向成功之路。

我相信，那張醫師執照是我的

要成就一件事，背景條件並非決定的因素，重要的是灼熱的慾望，雄壯的企圖心。

二十世紀前半美國有位牧師拿破崙・希爾(Napoleon Hill)註，他是數十本美國最暢銷書的作者，他的書也被許多國家翻譯成冊。而他曾經調查過許多大學生的學業，發現那些自己打工付學費的學生，成績總是比其他學生好得多。尤其是自付昂貴學費的私立大學生，成績更是驚人，而且不僅學業成績好，畢業後的成就也相當不凡。按道理有人付學費的學生，應該會有更多的時間專心讀書，而成績也應該會較好才對，為什麼適得其反？這是因為自食其力的學生，對於追求知識的灼熱慾望使然。

每一個人都有特殊的才華，對某一件事情總是可以比別人好。每一個人也都會有特殊的嗜好，是願意付出心血去做的事情。所以擬定明確的目標以前，應該分析自己的嗜好和才華，選擇自己比較有可能達成的目標。再根據WWWH的公式擬定出，

what you want—你要什麼目標，

when you want it—什麼時候可以達成目標，

why you want it—你為什麼要這個目標，

how you intend to get it—以及如何達成目標。

除此之外，更要提出足夠的理由，說明自己為何要確立這樣的目標。**有了充分的理由，才會激發慾望，去追求目標的達成**。「希望」達成者只會消極等待，「確信」會達成者才能堅持不退縮，積極奮力去追求，而自然的規律，只會拱手把成果讓給後者。

在加拿大蒙特婁(Montreal)有一位很有名的醫師，他出生於澳洲，由於雙親早年過世，他為了維持生計必須到處打工。他夢想要做一名醫師，但在北美洲，尤其是加拿大要考上醫學院，不是件容易的事，再加上學費昂貴，更是許多人遙不可及的夢想。有一次，他在社區醫院的辦公室打雜，每天都把牆上的醫師執照取下來，特別用心地擦亮它，心裡想像著，那張執照就是他自己的。某一位醫師發現了他的與眾不同，與工作上的用心，想請他來當助手，於是就自掏腰包，讓他去接受訓練；後來醫師又發現，年輕人的資質非常優秀，願意資助他唸醫學院的所有費用。在貴人的幫助下，他如願成為一個非常優秀的醫師。**理想的形成，要如同肉眼看到真實世界的具體事物一樣；在想像中，必須以心眼，在抽象世界裡活生生的看到它的具體形象，而且你要深切地相信，透過一定的程序、有系統的計畫執行，這個理想就會浮現於現實世界中。**

確定你要買的車

當一切都有足夠的理由，說明為什麼要追求設定的目標時，你就會更有動力，朝目標的方向邁進，也會強化要實現目標的欲望。

德國哲學家尼采(Nietzshe)註說過：「一個人只要有足夠的理由說明為什麼，他就可以為那個理由做出一切。」你要有足夠的理由告訴自己，為什麼要去追求設定的目標，那麼你一定會有更堅定的信念，強化你的欲望，去追求目標的實現。曾經有位年青人向蘇格拉底(Socrates)註請教要如何獲得智慧時，他將年青人帶到湖邊，壓著年青人的頭浸入湖水裡，他以為蘇格拉底只是開玩笑，所以沒有做任何反抗，直到無法閉氣時，才奮不顧身地掙扎。蘇格拉底放手後，年青人抬起頭，氣喘噓噓的望著他，這時候蘇格拉底說：「當你需要智慧，有如同剛才那種急迫需要呼吸的欲望時，你就會想盡辦法去取得。」

設立目標要有挑戰性，但是要面對現實，不能好高騖遠，把目標訂得與自己能力天淵之別、遙不可及。否則只令自己處於氣餒，永遠提不起興趣，反而陷入更糟的情況。訂定務實的目標後，要培養信心，深刻地相信自己，甚至變成信仰。**在追求目標的過程，如果沒有任何的障礙，則所謂的目標，其實只是一項等待去執行的活動而已。**在完成一項偉大成就的過程，可能遭遇的困難和障礙，可分為內在和外在的因素。屬於內在的因素，有可能是缺乏專業技能，或某些人格特質，你必須對自己誠實，細細審視自己的內涵。屬於外在的因素，如受限於工作的行業、人際關係，也許需要改行、改變環境，重新出發。

Inc.雜誌[註]曾經訪問，超過一百五十家大公司的執行長。結果發現公司的成就與事前的準備、計劃詳細的程度，有密切的相關。不過，幾乎每一家公司最後的發展，都與原先構想的藍圖迥然不同，關鍵就在於執行的過程。對於計劃的每一細節，要不斷深入思考、檢討和修改，如果沒有事先周詳的規劃，就無從檢討和修改。儘管最後與原先預期的不盡相同，但沒有計劃，就沒有成果。任何一位成功者，唯有徹底了解失敗的因素，才能覓得隱藏在失敗中，美好燦爛的成功種子。**人的一生必須要有目標，假使沒有，那就如同沒有靈魂的軀殼一般可悲。**

德州石油企業的億萬富翁邦克・亨特(Bunker Hunt)註 曾被問及成功的秘訣時說：「首先你要很明確地了解具體的目標，指出自己所要的是什麼，然後就要合法地付出任何代價，實現目標的達成。否則，跨不出第一步，訴諸行動、付出代價，永遠都是僅止於空談。這個世界之所以只有極少數人會成功，就是只有少數人會付出行動，而多數人只會空談。」目標的設定，可以有長程和短程的分別。長程，可以是十年乃至二十年；短程，可以是一個月乃至一年。有了目標，生活上才有前進的方向。這些道理說起來是簡而易明的，然而以實際的狀況而言，絕大多數的人，要不是沒有明確的目標，就是僅止於模糊狀態，沒有周詳的計劃。還有更糟糕的是，根本不按計劃執行。所謂的目標和計劃，一直是停留在夢想的層面。

一個人有了明確的目標以後，就會充分的運用，自己所有內在與外在的資源，集中焦點去努力。所謂內在的心理控制系統，就會命令自己的意識和潛意識，在自覺或不自覺的情況下，篩選不斷面臨的資訊與經驗，刪除不相干的部份，辨識所有事物的優先順序，更有效率地，安排自己的生活和工作。否則往往在無形中，浪費許多能量和時間，終其一生還是會一事無成。

有一項研究顯示，在一九五三年訪視耶魯大學(Yale University)的畢業生時，發現只有三%的畢業生具有明確的目標，並且詳細寫下如何達成的計劃。研究者在一九七三年，再回訪那些二十年前的畢業生時，發現當時那三%的同學，他們的財富總和，遠遠超過了其餘九十七%的總和，而且除了財富以外，那些三%的畢業生，也過得比較幸福快樂。

許多人雖然會訂下目標，但大多是模糊而不是明確的。例如：想要擁有車子、舒適的房子，希望富有等等。這種模糊的目標，也只能夠是模糊的結果。提到車子、房子、財富…等，就要較具體的說出廠牌、價格、房子的大小、房間數、衛浴設備、價位、財富的動產與不動產的產值…等。英文有句俗諺「no pain，no gain」。**如果你想逃避承受自律的痛苦，結果卻會帶來後悔的痛苦。假如自律的辛苦是以公斤計算的話，後悔的痛苦就是**

以公噸來計算。可惜多數人都無法深刻領悟這種道理，只好一生當中，一直在不自覺的情況下承受著後悔的痛。

註

1 拿破崙（Napoleon Bonaparte，1769-1821年）法國將軍，法國第一執政和法蘭西皇帝。

2 愛迪生（Thomas Alva Edison，1847-1931年）美國發明家；其發明不計其數，而其中一個偉大的發明，就是電燈。

3 羅斯福（Theodore Roosevelt，1858-1919年）人稱老羅斯福，暱稱泰迪（Teddy），是美國的軍事家、政治家，美國第26任總統。

4 拿破崙・希爾（Napoleon Hill，1883-1970年）全界最早的現代成功學大師與勵志書籍作家，他創建的成功哲學和十七項成功原則，鼓舞了千百萬的讀者。

5 尼采（Friedrich Wilhelm Nietzsche，1844年-1900年），德國哲學家，他對於後代哲學的發展影響極大，尤其是在存在主義與後現代主義上。

6 蘇格拉底（Socrates，西元前469年-前399年），古希臘哲學家，和柏拉圖及亞里士多德被並稱為希臘三哲人。

7 Inc. 雜誌是目前美國唯一一份以發展中的私營企業管理層為關注點的主流商業雜誌

8 納爾遜・邦克・亨特（Nelson Bunker Hunt，1926-）他和他的兄弟威廉・赫伯特・亨特（William Herbert Hunt）於1979年操縱白銀期貨，堪稱國外期貨市場的一個典型操縱案例。

第3堂課

人生，不過是門物理學

那些年，我們一起奔跑的道路
因為他的老師是柏拉圖
老闆，開除我吧！
我們都有命運遙控器

人生就像長程賽跑，
終有一個欲到達的目的地，
而在跑步的過程中，調整自己的配速，
何時該衝刺、何時該放慢，
並階段性到達短程目標。

那些年，我們一起奔跑的道路

省立竹中是所升學率很高的名校，當時的校長很重視五育並全，他希望不只升學要好，運動也要好，在台灣光復初期的那個時代，是相當少有的觀念。

新竹中學實習時，任教的是體育，但除了體育課之外，我還接下了田徑隊教練一職。雖然校長對體育成績方面有所要求，但是長期以來，省立竹中在新竹縣運動會，向來不是新竹師範學校（現為新竹教育大學）的對手。為了訓練田徑隊，我訂購了一本蘇聯(日本人翻譯)的田徑訓練法，同時依照著書中的方法來訓練隊員。

其實當時大部分的隊員，都著重於準備升學的考試，對於田徑隊的訓練並不是十分的熱衷，不過既然接下了這個職務，將它做好就是我應有的責任，這也是自己做事的態度。那一屆實力與資質較好的學生，剛好都是三年級，為了不影響學生準備升學的時間，只能利用放學降旗典禮來練習，直到通勤學生該搭車的時間，我便帶領著他們跑步到車站，每天僅一個多小時的訓練。但因為善用科學的訓練方法，接手訓練隊員，僅兩個半月的時間，在新竹縣運會上，省立竹中居然是壓倒性的勝利，單項成績累積的總積分，竟然是竹師的三倍多，首度獲得縣大會團體冠軍，讓省立竹中大吐多年在運動會上的怨氣。

接著是年度的環城接力賽，為了給選手正確的配速，我先行環城測量了距離，總長三千多公尺的距離，每四百公尺做出標記，結果隊員們依照著在學校練習的配速，參考環城路線上的標識，配速穩健的跑完全程，奪得第一名及第三名，還贏了縣運代表與社會人士組成的聯隊。如此短時間內的大幅度成長，令許多人對竹中刮目相看，也讓我獲得了「很會教田徑的老師」稱謂。實習結束後，師生們始終念念不忘這段光輝過程。

我想，令他們懷念的，除了亮眼的成績之外，每天的訓練，彼此的相互砥礪，一起跑步揮汗的時光，才是真正令人懷念的……。

因為他的老師是柏拉圖

成功是人生一連串奮鬥的過程，它是生理的、情緒的、精神的和財富的成長的過程；公眾人物的成功，足以帶給大眾正向的激勵。因為多數人的成功不是偶然，而是遵循著成功的規律，所得到的必然結果。

拉爾夫·沃爾多·愛默生（Ralph Waldo Emerson）註，曾說：「能夠為世界帶來多一點美好，即使是小孩的健康，園地裡植物的成長，或由於自己的存在，可以給某些人過著更好的生活，具備了這些，你就是成功者。」

從幼兒聽得懂大人講話開始，我們不斷地被要求遵循父母、學校老師或其他長輩的教誨。直到我們長大成熟、成家立業後，又以類似的口吻諄諄教誨下一代。既然大家都可以講出一番道理，為什麼真正成功的人，卻總是萬人選一？**因為沒有真正成功經驗的人，是無法帶領別人走向成功之路。越庸俗的人，越喜歡以高姿態來教導後生晚輩。**

故事是這樣說的：一天某位老師，看著趴在地上玩彈珠的十歲小孩，嚴厲地斥責說：「你知道嗎？亞里斯多德在你這個年紀時，已經在研讀代數學了，不像你只是個流著鼻涕，趴在地上的小白癡。」小孩冷靜地回答說：「老師我知道，因為他的老師叫柏拉圖。」這則故事反映著，年高的長者，常常以長輩自居，板著臉孔來教誨晚輩，有時候還喜歡借用「聖人曰」等口吻大放厥辭。簡言之，假如我們想要登上喜馬拉雅山的聖母峰（Mt. Everest），你會信賴一位從來沒有登過聖母峰的嚮導嗎？當然不肯，所以聽了缺乏成功經驗的長者教誨，即使表面上似乎有道理，卻仍然無法讓你信服，更遑論帶領登上那成功的「聖母峰」。

人生的生活層面有三個面相，就是身、心/神和靈，身是外在有形的表象，心/神和靈是內在的生活層面；沒有登上成功的「聖母峰」的經驗者，即使藉由「聖人曰」的口吻提出一大套論述，仍然無法撼動人心。**語言或文字的震撼力，要從有成功經驗的靈魂放射出來，才能產生最大的效果。**

詳細探究古今中外成功者，他們能夠成功，當然是具備著比常人更傑出的能力和人格特質。不過，從能力的養成過程，及處理事情的策略與方法上，可以歸納出其共同的特性。這表示成功是有規律、邏輯的。這些規律產生的效用，經得起時間的焠鍊，從過去、現在到將來，都不會動搖；也不會因種族、階級、宗教、性別或年齡的差別，產生不同的效用。但多數人無法達成自己的理想目標，總會歸咎於別人，或週遭的環境。倘若連自己的理想都模糊不清，如何達到明確的成功途徑？

老闆，開除我吧！

在物理的世界裡，作用力和反作用力是相對等的；但是在心靈的世界裡，反作用力卻是加倍的回應。

作用力與反作用力的物理定律，人們都耳熟能詳，它不僅存在於有形的物體，也存在於抽象世界裡。如果一個人了解自然的創造力，對幸福人生心存感激；他的處事態度與人際關係，一定會與眾不同。奇妙的是宇宙中的定律，會讓自己投注的作用力，得到相對的反作用力的回報。當我們都以友愛、關心、體貼、諒解、善意相待他人，不求回報的付出，總有一天會得到不可思議的回應。

心理分析大師佛洛伊德(Freud Sigmund)註說過：「一個人的人格裡如果沒有愛，那就是一種病，甚至等同於死亡。」愛包含著體諒、親切、仁慈、尊重和關心。每個人都期待受到喜愛、尊重和關心，也希望被人所重視，肯定其存在的價值。但是依據作用力和反作用力的規律，能得到多少的回應（反作用力）取決於投報的力量有多少。

舉例來說，如果自己常常不滿意自己的工作，喜歡好高騖遠，認為自己應得的待遇，應該比實際所得要高許多，對現況職位始終不滿意，因而埋怨老闆不識人才。於是對工作存有輕蔑的態度，終有一天不是被解僱，就是人浮於事。表面上好像是老闆開除了他，其實僱主只是扮演一個作用力與反作用力的媒介，真正開除他的是自己。錯誤工作心態的作用力，導致自己被解僱的反作用力。

我們都有命運遙控器

一般教育體系裡，花費了九十%的教學資源，只訓練了十五%的成功元素。

哈佛大學做過研究顯示，**一個人成功的因素有八十五%是來自態度，只有十五%是來自於專業的技能。**但是一般的教育體系裡，政府花費了大部分的資源，來訓練所謂的專業技能，卻忽略了態度才是成功的關鍵元素。難怪絕大多數人缺乏正確的態度去面對職場狀況，而是任由問題左右了自己的態度。

自然的規律不可違逆，想走偏門捷徑，終究會遇到瓶頸。**所謂的捷徑，不會出現在成**

功者的生命字典。

亨利・福特（Henry Ford）註說：「你相信可以做得到，或你相信不可能做得到，你都是對的。」幾乎每一位卓越成就者，都具有充分的自信去期待自我；自然而然，就會以興奮、熱情、樂觀的正面心態去執行。哈佛大學的威廉・詹姆士（William James）註也說過：「相信可以創造事實。」自身的思維如何看待自己，你就會成為自己所期待的人，當你可以掌控思維，就可以掌控發生在你身上的一切事情。**不要期許自己「能」成為怎麼樣的人，而是問自己「要」成為怎樣的人。**

威廉・詹姆士（William James）說：「我人生最大的轉變，在於發現每個人可以由內在心態的改變，而改變外在的狀況。」**你如果想要改變自己的現況，就要著力於改變內在的思維模式和情緒。**所以我們要經常自省檢示，自己未來的目標。當我們有足夠的能力與成就時，往前邁進是必要的，但懂得適時的退讓，才是真正的成功之道。美國總統林肯（Abraham Lincoln）註說：「寬恕是隱藏在顯而易見之處的秘密，不必花錢去買，卻是價值連城。它可以供每個人使用，卻只有極少數人用它。假使你能具備寬恕的威力，不僅可以獲得崇高的尊重，也可以獲得別人的寬恕。」擁有寬恕與原諒別人的器量，所得到的也許不在眼前當下，但在不知不覺中獲得的回饋，一定是出乎你想像的價值連城。別人如何對待你，取決於自己如何對待別人。

註

1 拉爾夫・沃爾多・愛默生（Ralph Waldo Emerson 1803-1882)為美國歷史上新英格蘭時期三大文學家之一。

2 佛洛伊德（Freud Sigmund，1856-1939)奧地利精神分析學家，為精神分析學的創始人，其成就對哲學、心理學、美學甚至社會學、文學等都有深刻的影響，被世人譽為「精神分析之父」。

3 亨利・福特（Henry Ford，1863-1947）美國汽車工程師與企業家，福特汽車公司的建立者。

4 威廉・詹姆士（William James，1842-1910）美國哲學家與心理學家，曾於哈佛大學哲學系任教。

5 歌德（Goethe，1749-1832）他被譽為最偉大的德國作家，是詩人、、文藝理論家、也是自然科學家和政治人物，是古典主義最著名的代表人物之一。

6 林肯（Abraham Lincoln，1809-1865））美國第16任總統，任期期間爆發內戰「南北戰爭」，最後被刺殺身亡。(任期：1861年3月4日-1865年4月15日）。

第4堂課

自導自演的完美電影

合法的掛名開課

最後的救生圈

助人為「發財」之本

我不笨，只是缺乏訓練

被火紋身的女孩

電影導演可以把同樣的劇本，
編制成喜劇片或悲劇片，
利用在銀幕上顯現的情節、畫面、聲光效果，
操控觀眾的視覺、聽覺和情緒反應。
而你就是自己的導演，
對於自己所經歷的一切事情，
你可以在內心的銀幕編制。

合法的掛名開課

在師大唸書的階段，我廣泛的閱讀了許多體育方面的日文書，所以在教授的印象中，我的學識能力比起其他人有更豐富的基礎背景，當時受到體育系系主任以及國內第一位體育博士江良規的厚愛，退伍之後我便被聘到師大擔任助教。

體育系助教不可以授課是當時的規定，**不過江良規博士對我說：**「我說可以就可以。」於是懸掛著其他老師的名字，實際上課堂的卻是我。「人體生理學」是我所上的第一門課，之後還有「體育原理」等專業課程，甚至原本由台大、國防醫學院教授所上的「人體解剖學」，後來也列為我的授課表，另外又開課「運動生理學」和「運動力學」。**至今回想起來，我仍十分感謝，當初博士和系主任吳文忠，對自己這般的看重。**

我的每一堂課，只有在學期第一節上課時點名，點完名後，幾乎可以記住所有的學生名字，不必點名就知道誰缺課，這與生俱來的超強記憶力，不僅讓學生們不敢蹺課，同時上課時也會更專心。另外，一般體育系的學生往往都是術科強、學科差，為了讓他們學術並重，我每學期的考試方式都不同，有時候是五、六十題的簡答題，有時候只出一題申論題；在沒有所謂的考古題可以參考之下，他們只能咬緊牙關的認真念書，種種的獨特作風，讓學生們對我是又愛又恨，也成了學生之間的傳奇人物。

但也許是年紀尚輕，比較不懂得人情事故，也或許是人紅招嫉，雖然表現還不錯，也順利的升上了副教授的位置，但難免也會碰到一些打擊與打壓，在這樣有志難伸的情況，埋下了我想在美國定居的想法。

台灣的教育制度下，體育系的學生往往被貼上因為書唸不好，只能往體育方面去發展的標籤，這對於學生們是十分的不公平，其實學術兼備的學生也是大有人在；然而令人感嘆的是，這個觀念並非一朝一夕就足以改變。

最後的救生圈

「當你有了感激的情懷，才會變成偉大的人物，並吸引偉大的事業。」——柏拉圖

真誠感激的情懷，一旦可以動人心弦的時候，所能發揮的影響，以及本身所能體悟的

幸福、健康、快樂及富有，是別人無法領會的。**真誠的感恩就會有全心付出的服務精神，而反作用的規律，就會得到全心擁有的回報。**愛因斯坦註 說過：「我不知道為什麼來到這個世界，但有一件可以確定的是，我必須為別人而活著。因為每一個人的成就，是由千千萬萬不知名者的幫助所造就的。」我們其實不必太在意，自己的人生是否會成功，只要懷著感恩的態度，全心付出的服務精神，成功與否將會是附帶的結果。

范德比爾特（Vanderbilt）註 家族在十九世紀，從事鐵路運輸和航運業，累積了龐大的財富。在幾位兄弟姊妹裡，亞弗列·范德比爾特（Alfred Vanderbilt）具有感恩、為人服務的精神，他堅持要從最基層的職員做起，而在父親康內留斯（Cornelius）的其中一個企業體系工作。其他的兄弟姊妹，都要求從經理級的階層做起。亞弗列的服務精神受到肯定，他的父親也非常認同。所以當他的兄弟姊妹各得七百萬美元的遺產時，父親特別留給他七千六百萬美元的遺產，並繼承全部事業。他深知亞弗列有感恩和服務精神，會令他變成身心靈豐富的人。亞弗列的確沒有辜負父親的遺志，繼續發揚家族的事業，他慷慨、服務的事蹟廣被流傳。第一次世界大戰期間，他反對慈善機構捐款購買武器，反而捐了大量財富給紅十字會（Red Cross）。一九一五年五月當盧西塔尼亞（Lusitania）郵輪註下沈時，亞弗列其實並不會游泳，但在自己生命的最後一刻，還幫忙把救生圈繫在一位嬰兒的搖籃上，並把自己的救生衣讓給一位婦人。

在北美居住了將近三十年的時間裡，我閱讀了許多成功企業家的書，也因此深深體悟到全心付出的服務精神。當回到台灣這塊土地之後，我一心想在專業領域上回饋台灣，所以只要有人需要我專業上的協助時，從來就沒有推辭過，並且是無條件的幫忙。可惜時代變遷，現在台灣社會，似乎欠缺了對人的信任感，有些人難以致信，反而會懷疑我是別有所圖，每每想到這一點，總是令人感到些許的沮喪。

助人為發財之本

人生在許多方面造成的困難或阻礙，都是來自人的問題。所以建立健康的人格品質，是追求成功必須重視的一項工作。為培養健康的人格特質，首先必須懂得體諒別人、不記恨、不記仇；要能平易近人，容納不同意見、不同性格、態度和價值觀。人往往會遭受生活環境的影響，所以要選擇，有利於自己成長的環境。古代孟母三遷的故事，就是選擇學習環境的例子。不過現代社會，鄰居之間甚少往來，因此，所謂環境的選擇，並不在居住地的搬遷，而在於選擇交往的朋友、閱讀的書籍和收集的資訊。

亨利・福特說：「從不抱怨，從不解釋。」他所謂的「解釋」，是為錯誤或失敗找理由、做解釋。我們要瞭解喜歡抱怨的人，每一次的抱怨，大約有八十%左右的聽者，根本不會感興趣，而且傾向遠避抱怨者。只有二十%左右的聽者，會有找到知音的感覺。同屬喜歡抱怨的特質，會很快地讓他們結合在一起，但是也會很快地讓他們互相敵對、互相抱怨。

有個下雨天的下午，在匹茲堡百貨公司裡面，有一位老婦人漫無目的在徘徊，顯然沒有想要買東西。在正常狀況下，沒有人會特別注意到這件事，但卻有一個服務員看到了這個情形，並熱心的趨前去招呼這個婦人。老婦人也誠實地表明她是在等候雨停，雨一停她就要離開。但這名服務員，並不因客人不買東西就怠慢招呼，一樣熱誠地和老婦人寒喧，並且說隨時願意為這名婦人提供服務。不一會兒雨停了，這名服務員陪著婦人走出百貨公司，並且幫她取傘，臨走時這名婦人很感動地，向他要了一張名片，服務員也很自然的就給了她。沒想到幾個月後，這家百貨公司的總經理，收到了一封來自蘇格蘭的信件；正是這名老婦人寄來的，她指定要這名服務員，到蘇格蘭去為她的豪宅購置家具運回美國。此時他們才知道，原來這名老婦人就是蘇格蘭後裔，美國的鋼鐵大王安德魯・卡內基（Andrew Carnegie）的母親。由於這名服務員的熱誠服務，看似微不足道的舉動，卻讓他獲得了豐厚的報酬。他去採購了上百萬價值的家具，在二十世紀初這是相當可觀的數目，當然也收到可觀的佣金，並在公司裡獲得了升遷。許多機會都是蘊藏在日常生活中，微不足道的經驗裡，只有成功的人才能有敏感度，去體會、掌握這種機會。

擁有億萬財富的航運業鉅亨，亞里斯多德・歐納西斯（Aristotle Onassis）[註] 在晚年時，有位記者問他說：「如果你失去了所有的財富，你將會做什麼，來彌補損失。」他說：「在我的人生，有那麼多的人幫我工作，就是起源於我幫別人工作。所以首先我會去找一份工作，或兩份甚至三份工作，節儉存錢，過最簡單的生活。一直到存足五百元，我就到餐廳吃一頓五百元的餐，然後再回去工作，存足五百元後，再去餐廳吃一頓。」記者驚訝地問：「辛苦工作存下的錢，一頓餐就花掉，什麼時候才可以累積財富。」歐納西斯說：「可以到昂貴餐廳的顧客，有他們可以達到那種生活水平的條件，我如果有機會常和他們在餐廳相遇，伸手給予一些服務，建立互動關係，吸取他們的智慧，這些才是未來累積財富的資本。」歐納西斯的確有他不同於一般人的獨特風格。

美國的一位律師葛瑞・史彭斯（Gerry Spence）不僅具備法律的專業，深入了解影響人的情感，和做決定的重要因素，使得在法庭的訴訟案件，曾經有連續超過十五年的勝訴記錄，尤其幫助無名的小人物，對抗跨國的大公司，更是難能可貴，被譽為美國的最佳審判律師（Finest Trial Lawyer）。而他具備的專業知識，和深入瞭解人性的獨特能力，不但幫助了許多人，且造就了他的名望，附帶地也帶給他許多財富。

許多成功者一向工作勤奮，專注於提供更好的服務，或生產更多生活上需要的物質，或改善一般人生活的品質與效率，一旦有了成就，累積龐大的財富就是附帶的結果。**只要我們可以幫助愈多的人，改善他們的所需，無論是生活上所需要的物質，人格品質的提昇，謀生的技能，知識的取得，身體的健康…等，我們本身就可以獲得愈多，自己所追求的理想。**

我不笨，只是缺乏訓練

資訊與知識固然重要，真正提供我們走向成功之路的是智慧。資訊可以隨處取得，知識可以傳授，但智慧沒人可教你。必須自我培養，結合資訊、知識和經驗得到的體悟，才能成為智慧。傳統教育強調閱讀、記憶，卻很少教導如何思考；其實在教育裡，想像力比記憶更重要。量子物理告訴我們，人生有許多肉眼看不見的部份需要去領悟。一旦接觸而了解看不見的部份，智慧就會顯現得更重要。**想像力的發展，是培養智慧不可或缺的途徑；它是人們內心的一項機能，我們愈加使用它，它就會被培養的更靈活、更豐富。**

愛德華・勞倫茲（Edward Lorenz）註在一九六三年寫的博士論文裡，提到蝴蝶效應。他指出蝴蝶翅膀拍動的氣體分子，會激起地球另一端颶風的形成。這種論調曾受到學術界的許多嘲笑，認為這是一項無稽之談。但是三十年後，在一九九〇年代中，一些物理學的教授們，卻證實了蝴蝶效應的精確性。了解這項事實，更應警惕我們謹言慎行，因為我們無法預料，自己的言行會產生什麼樣的影響。這也說明了智者所培養的想像力，能看得到別人所看不到，聽得到別人所聽不到，想得到別人所想不到的境界。

每個問題都會有答案，也都有解決的方法。有能力看出問題並且可以找出解決的方法，求得答案，是需要智慧的。**智慧不在乎你擁有多少知識和資訊，而是在於如何應用知識的能力，如何取得相關資訊的能力。**

某日嚴寒的北維吉尼亞州（North Virginia），有一位老翁站在無渡橋的河邊，等待著他人來幫忙引渡過河。過了很久，終於有一群騎士騎近岸邊，一個個騎著馬過河，每一位騎士擦身而過。等到最後一位騎士靠近他的時候，他看著騎士的眼睛，露出祈求的眼光，請求他幫忙引渡。騎士允諾載著老翁過河。過了河以後，騎士好奇地問老翁：「為什麼那麼多人騎著馬通過你身邊，你都沒開口要求渡河，而卻只請我幫忙。」老翁冷靜地回答說：「我沒能從他們的眼神看出愛心，所以請求他們伸出援手，等於白費。但從你的眼神可以看出有愛心、有熱情、有意願助人，我知道你會很高興地幫我。」這位年輕人，就是後來為美國草擬獨立宣言（Declaration of Independence），榮任第三任總統的湯瑪斯・傑佛遜（Thomas Jefferson）註。這則故事告訴了我們，每個人是否有熱誠與愛心，願意伸出援手助人，靈魂之窗的眼神，是無法隱瞞仁慈的眼光。一個人的智慧與他具備的直覺能力，有著密切的關係。

愛因斯坦說：「在『發現』的這件事上，個人的智慧是無關的，而是從意識裡跳躍出來的一種直覺，給你解答了問題，但你無法解釋為什麼有這個直覺，如何來臨的。」同樣是諾貝爾獎得主，DNA的共同發現者詹姆士・沃森博士（Dr. James Watson）註也說過：「直覺並非神秘的。」我們無法解釋直覺如何來臨。但是我們可以確定，在許多時機，直覺左右我們做決定，幫助解決許多問題。它是從自我內在更高層次的聰明才智裡，跳躍出來的靈感。有了這種直覺，能讓你分辨口是心非的人，因為聽覺可以聽到講話的聲音，視覺可以看到外在的動作，而直覺可以聽到內心的聲音，洞察內心的意圖。

直覺與個人的溝通有好幾種方式，大部份是在無意識的情況下進行，有些時候是一種突如期來的思維，意象中的視覺，情緒上感覺不對勁，或特別興致高昂。每天藉由規律的冥思，傾聽自我內在的聲音。**根據最近神經科學的研究指出，直覺的出現可以維持三十七秒鐘，之後就會蒸發掉，七分鐘以後就不再回來。相信自己的直覺，立即回應而訴諸行動，直覺出現的頻率就會提高。**

被火紋身的女孩

許多成功者是克服逆境，或經過心靈破碎的掙扎後，喚醒了自己的智慧，創造新的人生。一九七二年，獲得普利茲（Pulitzer）獎的一張照片，在七〇年代世界各地的報紙，可能刊登了數千次。越戰中，一位小女孩從剛被轟炸的村莊裡跑出來，在路上兩手張開，全身裸露，驚慌痛哭的模樣，讓每一位看到報紙的人都悽惻流淚。作者回想到那一張照片，動筆寫這一段的片刻，雙手還會顫抖，不禁流下淚水。那位小女孩，全身一半以上，遭受第三級燒傷，經過十七次手術，十四個月的復健，終於奇妙地存活下來。目前她是加拿大公民，做為聯合國教育科學與文化組織(United Nations Educational and Scientific and Cultural Organization UNESCO)的親善大使。並籌設金氏（Kim）基金會，救助戰爭中無辜的受難者。而如果大家知道這位從生死邊緣，身受慘痛災難存活下來的女性，可以放射出全然和平與溫良的氣質時，誰還能為著芝麻小事懷有仇恨呢？

上尉傑瑞・考菲（Jerry Coffee）在越戰時，他所飛行的戰鬥機被北越擊落，因此變成了戰俘。他被關了七年，那段時間裡有如生活在地獄，營養不良、經常挨打、孤獨的關在一人的小牢房。在這種悲慘的局面下，考菲上尉卻認為是一個好機會，可以讓他獨自一人，在牢房裡深入探討，人性的許多不同的層面。於是越戰結束後，他反而成為一位謙遜和平且充滿智慧的人，建立了幸福的家庭，成為一位成功的作家和演說家。

悲慘的困境可以喚醒智慧的心靈，這也許是上天給予人類的恩賜。我們常常會遇見一些人，平時不太注意自己身體的健康，一旦罹患重大疾病，才會嚴守紀律，養成良好的飲食習慣，注意規律的生活起居和保健。那麼如果能以同樣的心境，面對所有的事情，我們在事業、學業、婚姻、感情等，遇到挫折困境時，應該慶幸上天，給了我們可以愈挫愈勇的機會。逆境裡，經常都會埋藏著令人驚喜的成果，等待我們去發掘，關鍵就在於考驗我們是否有足夠堅持的能耐。

註

1 愛因斯坦（Albert Einstein，1879年-1955年），20世紀猶太裔理論物理學家、思想家及哲學家，也是相對論的創立者。被譽為是現代物理學之父及二十世紀最重要的科學家之一。

2 康內留斯・范德比爾特（Cornelius Vanderbilt，1794年-1877年），美國企業家，主要從事航運和鐵路業，美國歷史上最富有的商人之一，是范德比爾特家族的創建人。

3 盧西塔尼亞號（Lusitania），是一艘英國豪華客船，1915年5月7日在愛爾蘭外海被德國潛艇U-20擊沉，造成共1198人死亡。

4 吉姆・布朗（Jim Brown，1936年-）是美國前職業足球運動員。他在NFL克利夫蘭布朗隊1957年至1965年的職業生涯中，創下許多記錄。2002年，他被體育新聞選為有史以來最偉大的職業美式足球員。

5 O.J.辛普森，（Orenthal James Simpson，1947年-），出生於美國舊金山，因名字簡寫OJ而得到「果汁先生」的暱稱。他是著名黑人美式足球運動員，憑身體條件成為美國，收入最高的美式足球運動員。

6 安德魯・卡內基（Andrew Carnegie，1835年-1919年），20世紀初的世界鋼鐵大王兼20世紀首富。

7 亞里斯多德・歐納西斯（Aristotelis Onassis，1906年-1975年），希臘船王。他是曾經排名第一的世界富翁，他也是世界上第一艘萬噸巨輪的開發者，也是利用政策巧妙避稅的發明者。

8 愛德華・勞倫茲（Edward Lorenz，1917年-2008年），美國數學與氣象學家。1979年，勞倫茲在華盛頓舉辦的一場美國科學促進會演講中，發表了著名的「蝴蝶效應」，來說明「混沌理論」。

9 湯瑪斯・傑佛遜（Thomas Jefferson，1743年-1826年），美國第三任總統（1801年-1809年）。同時也是《美國獨立宣言》主要起草人，及美國開國元老中最具影響力者之一。

10 詹姆士・沃森（James Watson，1928年-），美國分子生物學家，20世紀分子生物學的牽頭人之一。與同僚因為共同發現DNA的雙螺旋結構，而與莫里斯・威爾金斯獲得諾貝爾生理學或醫學獎。

第5堂課

別成爲合照裡的配角

連球員都湊不齊的冠軍球隊
你還在等中樂透的好運嗎？
放手去做你最害怕的事
別當大樹下的雜草
你正在做低賤的工作嗎？
成為開心的工作狂

世界唯一最公平的資源，就是「時間」，
沒有人有特權，能夠額外獲得任何一秒。
一天二十四小時，
你浪費了多少時間，
在對自己毫無成長的事情上面。

連球員都湊不齊的冠軍球隊

還記得是炎炎夏日的某一天，恰巧經過了台大操場，看見兩支橄欖球隊彼此的叫囂，不一會兒兩隊打了起來，我連忙上前制止；當時我怎麼也沒想到與師大橄欖球隊的革命情感，竟是由這一場球隊間的群架開始。

師大任教的日子裡，除了授課以外，我也接下了橄欖球隊的教練，這段故事完全是個偶然。某一天我去台大看書，看見了師大橄欖球隊與建中校友隊的比賽，獲勝的是建中校友隊。當時建中校友與台大的球隊，幾乎都是國家代表隊的選手，水準算是相當的高；然而建中校友隊有幾個隊員，竟然嘲諷起師大的球員：「只是體格好而已，還不是重看不重用。」，年輕氣盛的球員們，不甘輸了球還被大肆的嘲諷，於是便與對方打了起來。看到這情況，我連忙跑進到球場制止師大的球員，並嚴厲的訓斥他們：「要贏是要在球場上，不是用拳頭！這才是運動員應該有的風範。」並與他們口頭相約，要擔任球隊的教練，即使自己根本沒打過橄欖球！當天晚上，我立刻讀了一本橄欖球的書，隔天早上五點準時到達操場。

師大橄欖球隊都是每天清晨練球，那天早上下著細雨，操場上看不到任何一位球員，不過我依然淋著雨，站在操場中央等他們；所有的球員都以為我只是隨口允諾，並不會真正實行。後來有人從宿舍看到我站在操場，才趕緊跑了出來，有的是我親自去敲門叫他們起床，好不容易集合完畢，竟然只到了十三個人，連一個隊伍的人數都沒有到齊。

擔任教練後決定擴大增才，所以在體育系舉辦了班際七人制橄欖球比賽，雖然四個年級的男生才一百多人，不過在比賽的刺激下，大家都打出了興趣，形成一種「**不打橄欖球就不是體育系學生**」的氛圍，也讓球隊順利找到需要的人材。訓練期間，除了善用科學的訓練方法外，我將新竹以北，有橄欖球隊的學校或社團都找出來，積極的邀約友誼賽，讓球員們能夠增加實戰的經驗，幾乎每個禮拜都有一場比賽。起初當然還是有落敗的時候，但隨著練習的進步，以及有計畫的選擇對手，先從實力較弱的球隊開始對戰，再漸漸找強隊比賽，使得師大球隊常保勝利，也藉此加強球員們的自信心。當時台大隊是最有經驗，也是實力最強的，就刻意避免在友誼賽裡碰面，直到大專盃的正式比賽，才與台大交手，並立志要徹底的擊敗他們。

橄欖球隊屢戰屢勝的戰績，在師大校內傳了開，大專盃準決賽的比賽地點，是在師大的操場，時間是禮拜五的下午，我們的對手是陸軍官校。那天許多師大的學生自動翹課到球場觀賽，整個操場幾乎呈現爆滿的狀態，士氣十分的高昂。最後在比賽剩下不到十五分鐘的時候，師大處於領先的局面，眼看就要獲得總決賽的門票。突然間，陸軍官校的上校領隊，指責裁判不公，我們具有主場優勢……等，聲稱這場比賽不算數，但所有在場的人都心知肚明，這都只是輸球的藉口。在當時的年代背景，一位上校所象徵的權力是可想而知的，但是秉持著「**贏一定要贏的光榮，贏的對方服氣**」的理念，隔天一大早到台大球場重打這場比賽，當然勝利的女神，仍舊是站在我們這邊。令人惋惜的是，當天下午與台大的冠亞軍之爭，我們不幸落敗。直到隔年的大專盃才終於雪恥，同時也打破了，台大連續二十年的不敗紀錄，獲得大專盃冠軍。

從打群架的那天，我答應帶領他們擊敗對手的那一刻開始，大專盃的冠軍，就是我與球員們的共同目標，為了達到這個目標，即使訓練再怎麼辛苦，我從沒聽他們喊過累，因為他們很清楚，這就是奪冠的必經之路。

你還在等中樂透的好運嗎？

在人生一連串的奮鬥歷程，偶然成功的好運氣是有可能的，但是機率就如同中樂透的機率一樣地低；**與其被動的等待機會降臨，我們需要努力的是追求必然成功的結果**。如同我在二〇〇四年雅典奧運的那一年，帶領著選手們到國外出賽，兩金三銀三銅的成績，雖是歷屆以來最佳；然而在我看來這只是偶然而已，並不足以稱為成功。

至於失敗的境遇，沒有偶然或運氣不好可歸咎，失敗一定有其原因。在人生的旅程，無論是事業、學業、婚姻、健康、財富或其他點點滴滴，只要是想達成的目標，就必須要有周全完善的企劃，每一個人在設定的開始，就要訓練自己具備足夠的敏感度，和自覺的能力，對於可能遭遇的障礙與困難，也要有心理準備和因應的策略，及專業知識基礎的培養。事先沒有充分地準備，其實就已埋下失敗的種子。

人們受到行為模式與習慣的制約，當行為模式根深蒂固地，烙印在一個人的心、神、靈的層面，就會塑造成個人的性格特質。有些特質或習慣，是邁向成功坦途的必要條件。例如時間觀念、彈性思考、當機立斷…等。

沒有時間觀念者，顯然不可能如期完成工作計畫。尤其是當學生上課遲到，無法按時完成作業或專案報告，就業後上班遲到、開會遲到、約會遲到，無法準時完成任務等等。這種拖延的壞習慣，依神經語言學程式的研究是會定型的，如不改善，將會是邁向成功坦途的一大障礙。為了改善這種行為最有效的方法是：晚上睡眠前，檢視每天的工作是否完成，並計劃隔天該做的事，尤其是較困難或較不喜歡做的事先進行。

有些人會將刻板僵化與堅定不移混為一談，誤以為這種性格特質，是一體的兩面，成功時就被讚譽為不屈不撓，失敗時就被批評為僵固不化。其實，這兩個的特質是截然不同的。僵固不化的人，表面上看來一板一眼，他們在意的，並不是任務或目標的達成，而是一味堅持自身的做事風格。即使多次重複失敗，仍然毫無彈性地，採取同樣的模式處理事情。這種人在意的是面子問題，也無法培養終生學習的態度。那麼在這瞬息萬變的時代，連適應生活都會很困難，遑論還要有什麼成就？

愛迪生為了製造一盞永不熄滅的燈泡，曾經被媒體的朋友質問：「難道你想苦嘗一萬次的失敗嗎？」他回答：「我已經成功地找到了九九九九種不可能性，使得我更接近成功的機會。」這說明了他堅忍不拔的特質，他並不是固執地，把一次次失敗的模式重蹈覆轍。他不屈不撓地，嘗試了一萬四千種以上的方法，採用不同的材質、方法，燈泡照亮的時間也逐漸延長，我們才有現在的光明世界。這樣堅持到底的行為特質，是為完成設定的目標，不惜嘗試各種可能的方法，以迂迴前進、非達成目標不罷休的態度去做事，**原則不變，但策略卻是有彈性的。**

根據研究統計，幾乎只有二％的人，會確立人生的目標。絕大多數的人都只想做個平庸的人，缺乏雄心壯志，不願付出代價，原因其實是大家缺乏自律的能力。紀律是源於自制的行為，人必須要有能力，克服所有負面的情緒、態度和思維，才有可能支配周遭環境的人事物。**當一個人無法克服自我，就會被自我所克服；在你鏡子面前所看見的影像，可能是你最好的朋友，也有可能是最壞的敵人。**

放手去做你最害怕的事

每個人的潛意識裡，都存在著最基本的六項恐懼：**窮、病、老、死、失去愛和被批**

評。要免除恐懼就要找出癥結點，而勇敢地面對它。所謂恐懼的心態，並不是別人在旁鼓勵幾句就可驅除。對生老病死的規律了解愈深刻，懂得並且可以身體力行，預防疾病，減緩老化的進程，隨時注意飲食習慣，維持規律運動，多用腦想像與思考，保持健康有活力的身體，害怕的心態才會減輕。另外，多付出愛心，就不怕會失去愛。還有不斷加強智能，增進知識，強化特殊技能，這方面愈是成熟，就會愈有自信，就不怕窮，也不會怕被批評。當一個人的行為，無法改善周遭環境的現象時，我們就要改變自己的行為，針對環境做最佳的適應。**在邁向成功的旅程，恐懼所樹立的障礙層出不窮，是否有能力克服那些障礙，就是辨別成功者與否的分水嶺。**

嫉妒、仇恨、悲傷、恐懼、焦慮等負面情緒，會明顯損害人的行動力與成就。但是大家卻沒有具體概念，認識它所產生的阻礙，對於人的影響有多深遠？例如我們把一個半公尺寬的長木板，放在地面上，或是離地面一公尺高的平面上，讓人在木板上行走，相信對大家來說都是輕而易舉之事。但若是把這個長木板，架在二十層樓的高空裡，相對的就會因為恐懼，而不敢在上面走動。如果想用意志力去控制恐懼感，可能會因為更專注，而得到反效果。舉例來說，若有人告訴你：「不要喝酒開車。」那麼第一時間，在潛意識中，就會出現喝酒與開車的圖像；有人對你說：「不要穿紅色的衣服。」第一時間，人反射在腦海中的，就是紅色衣服的圖像。這**是潛意識反射作用的特徵，它常常會忽略否定的句子，只能想到肯定的句子。**

所以，如果我們想要取代，潛意識中負面的情緒或態度，就必須用正面的心態來克服。我們一定要用積極、樂觀，充滿成功的心態，來建設我們的思維模式，就連使用的語言，也儘量用肯定句來與自己對話，取代那些破壞性的思維與負面的能量。

影響美國人思想的十九世紀哲學家和詩人愛默生所說的：「要做你所不敢做的事，恐懼就會消失。」要取代害怕的心理，就要朝成功的方向去思考。期待成功，把焦點集中在能夠成功的這一面，而不要去考慮失敗的結果。一般人常常在事情還沒開始前，就為失敗做準備，所謂「未雨綢繆」，但為何從來沒想過要為成功去做準備？事實上，我們應該要為成功來做心理建設才是！

別當大樹下的雜草

狗對於怕狗或討厭狗的人，會吠得特別兇惡；對於愛狗的人，即使是陌生人也會很友善地親近。這是因為牠可以很靈敏地，察覺人類潛意識中，所放射出能量振動頻率的差別。人雖然沒有動物靈敏，還是具備相當高的靈敏度，可以察覺某些程度上的差別。

如果生活週遭的人都討厭你，那是因為你的潛意識和意識，投影在他們身上而產生的反應；意識的投影表現在言語、音調、表情、姿態和行為，潛意識的投影，可以從放射能量的振波頻率去感受。同樣地若你生活週遭的人都欣賞你、喜歡你，這也是你的潛意識和意識所產生的結果。所以懂得自省的人，就可以從別人對你的態度、反應，來檢視或認識自己。**在改善自己的過程，別人對於你的忠告、批評和建議，往往不會有太大的作用，只有當自己願意接受別人時，才可能有所影響與改變。**

在小學和中學裡的老師，常常會發現少數學生，很樂意為班上其他人服務，或是幫老師做些雜事，幾次之後當需要人手幫忙時，那幾位同學自然而然成為不二人選。球隊裡也一樣有這樣的現象，教練常會從隊上找出一位管理人，協助處理隊上的瑣事。同樣的模式到工作職場上，也會出現這種人物，**用付出比報酬更多的工作態度，不但可以建立自己的**

聲望，而且額外的工作機會，也將培養更多的技能和各種能力。

在經營完善的工作單位，有升遷機會時，就會優先考慮這種人。斤斤計較、逃避工作的員工在公司裁員時，也是優先被考慮的人。是否公平並非由自己來決定，明眼的主管自然會有定見，就算你真的遇到不公平的待遇，未能得到主管賞識，只要你是有才學，遲早有一天，也會被伯樂發現，得以大展長才。所以短暫的挫折和失敗，只是為了增進你的各種能力，一時的不得志或許蘊藏了更大的成就。

愛迪生說：「天才是百分之一的激勵，和百分之九十九的汗水。」又說：「成功的主要成份，是想像力加上雄心壯志和工作的意願。」在大自然裡的規律，我們也看到了森林裡的樹木，凡是愈能迎接風雨的摧殘與陽光的曝曬，就愈趨高大、雄偉和茁壯；而躲在大樹底下，只想受保護或仰賴大樹的遮風避雨的草木，相對地就愈矮小。所以在職場上必須要負起能者多勞的態度，多幫助同事或周遭的人，養成付出比報酬多的工作習慣，總有一天一定會獲得意想不到的報酬。

你正在做低賤的工作嗎？

每個人都有某些方面的專長和才能，可以比別人更容易領悟它的精髓、學術理論、背景…等。同樣地，每個人也都會缺乏某些方面的才能，在某方面的學習，總是比別人笨拙。**我們必須認識自己，不要浪費時間與能量在不擅長的領域。應該專注於自己擅長的領域。**如此，不但可以快速進步，增加興趣與信心，更能激發動機，發揮潛能。

許多成功者必須具備的品格特質，如毅力、堅持、意志力和積極主動…等，都可以在自己的興趣和專長的中逐漸培養。因此為求卓越的成就，在人生的旅程，你必須經常檢討並且問自己：

1 那一方面的工作是你的熱愛，甚至令你不考慮報酬的多寡，都願意廢寢忘食地埋頭苦幹地。

2 假如沒有時間上和經濟上的顧慮，你會選擇什麼樣的工作，令你真正覺得享受。即使沒有報酬，你是否仍然會熱衷於那份工作，將其視為一項娛樂，不是在工作。

3 檢視你目前的職業，是否可以發揮你的才華和技能，並做得比別人好。

細心檢視，確認出你特有的才華，大量投資你的生命，集中焦點，強化那項專長。如果自己無法確認，就請你所尊敬的長輩，或良師益友幫你確認。選擇符合自己興趣的工作，又能發揮自己的才能，成功自然指日可待，財富也會隨著水漲船高。我們應該了解，隨時準備好等待機會的來臨；其實真正準備好的人，不僅在等待，更會懂得運用方法去創造機會，把長滿野草的荒地，變成可以豐收的園地。

評定工作職務的好壞，不在於職位的高低和待遇的多少。每天為了打卡、趕上班、看著鐘錶等下班的工作，就是最低賤的工作。有成就者，經常會抱怨的是，時間不足以讓他完成工作。馬丁・路德・金恩二世（Martin Luther King Jr.）註說過：「如果你是個打掃街道的清潔工，能像米開朗基羅揮筆繪畫，像貝多芬在作曲，像莎士比亞在寫詩一般地揮舞你的掃帚，即使在天上的天使，也會停下來說，這裡有位非常稱職的清道夫。」**選擇工**

作首先要考慮的因素，不在於待遇和工作的難度，是在於工作是否符合自己的才能與興趣，還有工作的內容，是否有機會令你可以持續發展。

一位心理學家曾經調查過十八萬的工作人員，發現有八十％的人厭倦自己的工作，這是人生的悲劇。其實，工作不只是在賺取生活費，它本身就是人生的一部份。每個人都可以從各種職業中培養自信、自尊、責任感等等。凡是登上顛峰的企業家，尤其是白手起家者，都是勤奮的工作者。而他們之所以勤奮，是因為他們愛好自己選擇的工作，認為工作是一種享受，並不是一般人所看待的角度。至於所獲得的報酬，對他們而言，只是附帶的結果。

現今的科學方法已經進步到，可以測驗出每個人各自的性向與才華。人們應該儘早細心分析自己，確定志向，為自己未來要選擇的行業做準備，培養應有的專業知識。九十五％的人，都無法做到這項看來簡而易明的事，如果能夠做得到，那麼你將會是頂尖的五％成功者。

成為開心的工作狂

一九四三年，榮獲奧斯卡金像獎最佳女明星，葛麗亞・嘉遜（Greer Garson）註說過：「人生最大的錯誤，就是為了賺錢找工作。你應該尋找合適自己才華的工作，在這當中，如果你的表現優異，錢自然而然就會來。」這段話，道破了許多平凡人的普遍現象。假如你目前的工作，並不適合你的才華，但待遇還算優厚，那麼你就應該從工作中培養出興趣。

威蘭（Wyland）是著名的藝術家與海洋保育學家，他從小喜歡畫圖，一開始他在鄰近的中學開畫展，只要有人想買他的圖，無論價格高低，他都不計較，只希望可以得到一些錢，買繪畫的材料。有一天母親告訴他，藝術只能當嗜好，不能當職業，並且把他帶到底特律（Detroit）的失業局找工作。威蘭當然無心在工廠之類的場所工作，連續三天都被解雇。他一心只想當畫家創作，就在家裡設立個人工作室，日夜工作。終於獲得底特律藝術學校的全額獎學金，他把握機會，專心繪畫。雖然幾年下來的收入，都只能維持基本的生活，他仍然決心要做畫家，繼續磨練繪畫的功力。最後他為求發展，搬到加州拉古納

（Laguna）海灘，那裏有許多畫廊可以啟發靈感。奮鬥了幾年後，終於開設了自己的畫廊。目前每年大約可以畫一千份的作品，有些作品一張可以賣兩百萬美元。在加州、夏威夷、佛羅里達州擁有四棟房子，經濟狀況應該相當富有。能把自己的嗜好，做為謀生的工具，又能創造財富，是多麼幸福的人生。當然這是努力付出代價所得的結果。

蒙蒂・羅伯茲（Monty Roberts）[註]在中學時，有次的作文題目是「未來的志向」，他所寫的內容，是希望自己以後要擁有兩百畝的牧場，馴養純種賽馬。老師給了他「F」的成績，因為老師認為，一位只能住在小型卡車後座的窮困小孩，怎麼可能積蓄那麼多的錢買牧場，買純種賽馬，還要雇用馴馬師，所以認為他是不切實際的寫作。老師要求他重寫，來換取較高的成績。蒙蒂回答老師說：「你保留「F」就好，我繼續維持自己的夢想。」而他目前在加州擁有一五四畝的牧場，訓練了數百位的馴馬師，也蓄養許多純種的賽馬。他自己本身充滿激情，喜愛自己的工作，本身的馴馬，獲得了八次全國賽馬的錦標，也贏得超過三百次以上國際純種馬的賽跑。他寫了數本書，其中「傾聽馬的人」（The Man Who Listens to Horses），在紐約時報列為最暢銷書，並且長達五十八週之久。

一個人如果沒有雄心壯志，沒有理想，只侷限在現實環境中，則一生只有處在妥協的情境，無法發揮深藏的潛能。

所有成功的畫家、雕刻家、樂器演奏家、歌唱家、演說家、作家、教師、醫師、企業家，還有各行各業成功的工作者，都是由別人付錢，請他們來享受著自己的嗜好。畢卡索（Pablo Picasso）註曾經說：「當我在工作時，我覺得是在放鬆，當我在無所事事或為著要應對訪客時，我覺得很疲憊。」馬克・吐溫（Mark Twain）註也說過：「成功的祕訣，就在於能夠把職業當作在放假。」真正愛你自己的工作時，你就會有如此的心情。

我們無法改變已經發生過的事情，或是必然將會發生的事情。我們所能掌控的就是自己的態度。**也許有人會認為成功，是少數頂尖人物才能做到的事。自己只是一個市井小民，何苦去要求自己這麼做。當然選擇做一位不平凡的卓越者，或是平凡一生的跟隨者，只有自己可以做決定。**

註

1 馬丁・路德・金恩二世（Martin Luther King, Jr.，1929年-1968年），以不訴諸暴力策略的辯才，促進二十世紀五、六十年代的民權運動，一九六三年發表了一篇聞名世界流傳後世的演說「我有一個夢想（I have a dream）」，而在一九六四年獲得諾貝爾和平獎。

2 葛麗亞・嘉遜（Greer Garson，1904-1996）1940年以《傲慢與偏見》獲全美電影評議會最佳演技獎。1942-1945的連續4年分別以《忠勇之家》、《居里夫人》、《豪富世家》、《空穀芳草》榮獲奧斯卡最佳女主角金像獎或金像獎提名，曾被11個國家授予"最受觀眾喜愛的演員"和"最佳女演員"榮譽。

3 蒙蒂・羅伯茲（Monty Roberts）屢獲殊榮的冠軍馬匹訓練師，暢銷書作家，好萊塢特技人，在馬術界曾贏得了無數獎項，也受頒蘇黎世大學的榮譽博士學位。

4 西蒙娜・德・波伏娃（Simone de Beauvoir，1908年-1986年），也譯做西蒙・波娃，是法國存在主義作家，女權運動的創始人之一，存在主義大師沙特的伴侶。

5 薩米・索薩（Sammy Sosa，1968-），前美國職棒大聯盟選手，大聯盟生涯開始於一九八九年，一直到 二〇〇七年為止，他共擊出六百支全壘打，成為史上第五位達成此紀錄的球員。

6 畢卡索（Pablo Picasso，1881-1973），西班牙畫家、雕塑家。法國共產黨黨員。和喬治・布拉克同為立體主義的創始者。畢卡索是20世紀現代藝術的主要代表人物之一，他是少數能在生前「名利雙收」的畫家之一。

7 馬克・吐溫（Mark Twain，1835年-1910年），是美國的幽默大師、小說家、作家，亦是著名演說家。其幽默、機智與名氣，堪稱美國最知名人士之一。

第6堂課

原來是自己輸給了自己

來來來台大，去去去美國
太太們的壘球隊
丟進垃圾桶的暢銷書
零點一秒的距離
時薪七塊的搖滾鼓手
馬戲團的小象
老年人的強盛生命力
魔法般的自我催眠

曾有人問我：「林教授您決定出國留學時，
已經近四十歲了，為何您會如此堅持這條路？」
我想了想然後回答：「出國留學一直是我唸書以來的目標，
即使這中間經歷了許多的困難，
我堅信這就是我要去的地方，
無論花費再多的時間與心力。」

來來來台大，去去去美國

當人們還在高喊著「反攻大陸，打擊共匪」的年代，其實沒有人想要面對戰爭的現實。有錢有勢的人，大多離開了國內，一般的平民百姓只能靠著唸書，申請到國外的獎學金，才得以出國；這樣的移民潮，無疑也是對政府的一種叛逃。

念大學的時候，我一心想到國外留學，除了想學習更多知識以外，一方面是對當時政府的反感(反共抗俄)，另一方面是對教育制度的失望，加上時代背景的關係，大家都想逃避反攻大陸；那時流行一個口號「**來來來台大，去去去美國**」，出國唸書或移民的人大有人在。那時候的移民申請，雖然不比現在嚴格，但仍需提出財力證明，這對於一般富裕家庭而言並非難事，然而對於家境清寒的平民百姓來說，必須申請到國外學校的獎學金，才能夠一償出國的夢想。

父親在我任職師大體育系助教時過世。我責無旁貸的挑起照顧三個弟妹的責任。其實那當下，我已經申請到日本東京大學的獎學金資格，卻因此多留在台灣十二年，跟母親一起維持家庭的經濟。直到讓兩個弟弟分別赴美留學，妹妹學業也告一段落後，才放心的去追求自己的夢想。**記得那年我是三十七歲，剛好是從副教授要升上教授的時候，我毫不猶豫的放棄教職，重新當回全職學生。**

離開台灣的時候，我身上帶著一百元的美金，以及一袋書，就隻身前往伊利諾大學。剛到美國的初期，每個月的獎學金是三百八十元美金，寒暑假期間沒有發放；研究所宿舍的租金是一百五十元左右，在美國還必須要有車來代步，所以還得支付車子的保險…等，每月僅剩餘兩百元的生活費度日。

原本待在台灣的太太，在我開始唸書的一年後，辭去了北一女的教職，帶著兩個孩子一起到美國生活；因為孩子都還太小，一個三歲另一個才一歲，太太必須要留在家中照顧他們，於是她索性當起兼職保母，幫忙照顧其他台胞所生的孩子。那段時間，就憑藉著自己微薄的獎學金，以及她一星期二十元美金的保母收入，支持著我們一家四口的生計。

我一邊念書，一邊拿講師的資格，在美國拿到博士學位，就等同是專業人才，也能夠擁有教書的資格；為了這個目標，我十分認真的在學業上面。伊利諾大學裡，有一位教高等動力學的教授，他的作業往往相當的困難，除了自己要主動學習，多涉獵相關書籍之外，他所有的作業都要按部就班，任何小細節都必須工整明確，剛開始我總覺得未免太吹毛求疵，可是經過這樣的磨練後，在學術研究上，也打下一個相當嚴謹的基礎。這位教授在伊利諾大學裡，每個學期都教不同的科目；我發現許多國外的教授們，往往不只有單一領域的專精，在其他相關領域的成就，也都有十分不凡的表現。這也讓我體認到念書是沒有捷徑的，基礎一定要非常的穩固，才能夠進一步學習更精深的專業，這才是做學問的道理與態度。

這位動力學教授，剛好是當時太空總署「外太空人體活動研究」專案的成員，而我的另一位教授，是美國奧運委員會「運動科學」召集人；在兩位教授的指導下，十分幸運的先後參與這兩個研究專案，也獲聘為美國奧運訓練中心（U.S. Olympic Training Center）運動科學研究員。

順利的在伊利諾修完生物力學碩士、理論與應用力學博士之後，我又去俄亥俄州立大學，修讀工程科學碩士。因為那時候已經具有準博士的身分，也申請到俄亥俄州立大學講師一職，在俄亥俄擔任講師一年半後，回伊利諾一年任研究員，並完成博士論文，再轉到加拿大康克迪亞大學任教。

太太們的壘球隊

就讀伊利諾碩、博士的期間，發生了一段小插曲，當年美國大學有各自的台灣同鄉會，會員們大多都是與台灣當時執政者的政治立場不同。各地的同鄉們，有些甚至要五、六小時的車程，才能相聚在一起，但彼此間的往來仍相當頻繁。當時我也加入了伊利諾的台灣同鄉會，因為當時政府管制嚴格，我們只能以打壘球為名，討論政治為實；白天打壘球，晚上討論政治。

台灣同鄉會在周末假日，舉辦慢速壘球的聯誼活動，也組隊參加地區比賽；不過伊利諾的成績總是差強人意，後來當時的會長，得知我是體育系出身、也曾是體育系老師，於是就委託我接下球隊的教練。然而球員們不是忙於學業，就是興趣缺缺，練習時總是湊不齊人手。我覺得當務之急，必須先「吸引」球員出來練習。剛開始，我將留學生的家眷們聚集起來，近身拋球給她們練習揮擊，漸漸的太太們打出了興趣，間接影響了先生們，接著陸續將球員們，一一的拉回球場上，練習打擊與守備，有幾位三、四十歲的球員，甚至要求我教他們如何滑壘。認真練習的成果，讓長期吞敗仗的伊利諾，竟然在美國中西部的同鄉會比賽中贏得冠軍。

這段訓練過程，讓我發現認真讀書的人，做什麼事都認真，即使是慢速壘球這種休閒活動，大家都一副要成為職業選手般的認真；只要有這樣的態度，做任何事都會成功。

丟進垃圾桶的暢銷書

俗說「萬事起頭難」，這是一項普遍的現象。無論是創業，追求任何目標的實現，學習新技能或求知，都必須經過一段時間的努力，才能逐漸顯現出一些進展，而只有繼續堅持，後半段的成就，往往會超乎原先估計的成果。短視近利，是大多數人所詬病的作風，可是絕大多數人，卻也會不自覺地陷於這樣的行事風格。一般而言，大多數人都會注意短期內的成果，往往不會有耐心重視長期的成果。**卓越的成功者和一般人的差別，就在於是否願意付出代價，堅持在前半段看不到進展的過程。**

每一件偉大成就的背後，都會有感人的故事，或深具教育意義的故事。著名的西斯廷（Sistiner）教堂的頂蓋，是畫家米開朗基羅（Michelangelo）註以背躺的姿勢，整整花了四年時間所完成的，他說：「如果人們知道，我究竟付出什麼樣的努力，去完成我的傑作的話，也許就不會感到驚奇。」

理查・保羅・伊凡斯（Richard Paul Evans）寫的第一本書《雪夜裏的眼淚》（The Christmas Box）原先是一份愛的禮物，寫給他的兩位小女兒，後來影印了幾份送給家人和朋友。書中溫暖心房的故事，逐漸傳開，獲得正面的回應，使得他興起想公開出版的念頭。但尋求許多出版社，沒有一家願意代為發行，於是他決定自己出版。在某一次地區性的書展，主辦單位邀請了幾位著名的作者，到場辦簽名會時，他利用有位作者未到場的位置，為自己的書簽名。隔年他的書，就在紐約時報列為最暢銷的書。著名的出版社西門與西斯特（Simom & Shuster）用四百二十萬美元，買了書的出版權，並翻譯了十八種語文，暢銷八百萬本。

著名小說家史蒂芬・金（Stephen King）註在未成名前，曾將自己的作品《魔女嘉莉》（Carrie）的手稿丟到垃圾筒；因為當時的出版社，沒有人對科學奇幻之類的小說有興趣。還好他的太太，將手稿從垃圾筒撿起，並鍥而不捨的找了許多家出版商，終於有一家願意發行；結果一出版即銷售四百萬本以上。英國作家約翰・克雷西（John Creasey）[註]的第一本作品被拒絕了七百四十三次，結果出版後的四十年期間，他用了二十八種不同的筆名，出了五百六十二本書。這些成功的故事都呈現出先苦後甘的規律。

零點一秒的距離

「大器晚成」是普遍的真理，智者領悟到這件事實，才會創出這個成語。所謂的「晚」字，並不意味著必須等到晚年。只是任何成就都有循序漸進的軌道，沒有捷徑。的確，無論是文學、藝術、科學的偉大傑作，都必須耗費相當長時間努力的結果，才能實現其不同凡響的成就。事業的發展，個人智慧的培養、求知、人格特質的孕育…等，也同樣必須經歷長時間，一點一滴的累積。

棒球投手，計算球季的勝投數、生涯的總勝投數；打擊者計算打擊率、安打數、全壘打數、打點數；籃球員算得分、助攻次數、籃板球數等，每一項競技運動，都可以量化紀錄，作為指標，來鼓勵運動員求進步，追求更好的表現。人生裡，一樣可以設計許多量化的指標，鼓勵自己維持高度的動機，突破量化的紀錄。例如：儲蓄存款的總額，銷售員每個月、每年的銷售總額、生涯的銷售總額、接待顧客的人數；一位老師上課的總時數，生涯中改過幾份學生的作業；大學教授寫過幾篇論文，出過幾本書，多少頁數，指導過多少學生…等。

在人生裡，應該以優先順序，選擇最重要的五到八項目標，例如：財富、事業、職業、健康、家庭、學術、溝通能力和人際關係…等，並將各領域設計量化指標，隨時檢驗追求目標，進展的狀況。除了量的評估，還要重視質的提升。優秀和卓越之間的差別，往往只在微細之間。世界一流的短跑選手，可以在十秒內跑完一百公尺，而從十秒到九點九秒之間。零點一秒的差距，需要數以萬計的運動員，十年的血汗加淚水。

日本索尼（Sony）的創始人之一的盛田昭夫註說：「我們不應跟隨著群眾，因為他們不曉得要什麼，我們要引導大眾，生產新產品給他們。」在Sony的初創期，他做了一次最重要的決定，影響了公司日後的命運。創設許久的老牌公司寶路華（Bulova）曾經向Sony

訂購十萬件晶體管收音機，當時Sony生產的收音機，每個月的交易量不超過一萬件，有了十倍以上的商機，大家都認為是發展的大好時機。可是盛田先生卻給予婉拒，他的合夥人也十分不諒解。但是在盛田先生的認知裡，他認為十萬件的產品，將會幫助Bulova出名，並非讓Sony出名。他充滿信心地告訴對方說：「五十年後我們公司的名氣將會與貴公司的名氣一樣地響亮。我確信我們所研發的收音機，將會幫助我們打出名氣。」而今，從二千元的音響到二萬元的液晶電視，Sony已經凌駕各種品牌，行銷世界。一九五八年Sony電視機問世時，日本只有百分之一的家庭有電視，而現在可能只有百分之一的家庭沒有電視。它現在已經不僅是電子工業的龍頭，事業更擴展到音樂和電影製作的領域，並以品質優良聞名世界，每年產值在八百億美元左右，早已遠遠超越了Bulova的名氣。

約翰・德馬丁尼博士（Dr. John Demartini）七歲時被認定為學習能力低，並被告知他將無法閱讀和書寫，也不會有正常的溝通能力。他在十四歲時就輟學，離開德州的家去加州。十七歲到夏威夷衝浪，因中毒幾乎喪命。不過在治療的復原過程，遇到改變他一生的貴人，保羅・布拉格醫師（Dr. Paul Bragg）。布拉格醫師告訴約翰要肯定自己，要重複對自己說：「我是天才，我要充分運用自己的智慧。」待他病癒後，約翰回到德州，於休士頓大學（University of Houston）取得學士學位，又到德州的整脊學院（Texas Collage of Chiropractic）修得醫師學位，並在考取執照後，在休士頓開整脊診所。診所初期，只有九百七十平方呎的空間，九個月後卻擴大兩倍的空間。看診之餘，他又向民眾開設免費課程，講解健康生活。隨著出席課程的聽眾增加，看診的病人數也日漸成長。後來約翰賣掉整脊診所，轉而擔任其他整脊師的顧問，撰寫訓練人才的教材，成為五千種訓練課程，和十三本書的作者，並且娶了一位美麗又聰明的太太。現在兩位夫婦，每年可以搭乘自己用五億五千萬美元購買的船，渡假六十天周遊世界。一位輸在起跑點，被認定為低能的兒童，白手起家之後，現在究竟有多少人可以超越他的財富。

史蒂芬・凱納爾（Stephen J. Cannell）在小時候有學習困難的症狀，在一年級、四年級和十年級時他被留級。他閱讀有困難又沒有理解力，當母親陪著他花費五個小時準備測驗，仍然會不及格。而他問了成績優異的同學，要花多少時間準備時，同學竟回答他：「不用準備。」史蒂芬覺得自己沒有讀書的資質，但他不以為意，反而是用心尋找自己的才華，可以發揮的領域，那就是美式橄欖球。

史蒂芬集中焦點，專心練美式橄欖球，果然表現不凡，甚至獲得校際四分衛的榮譽獎。他將從美式橄欖球培養出來的自尊與自信，運用到生涯的工作上，成為電視劇本的名作家。他設立影劇工作室，當上影劇的製作人，又寫了超過三百五十部的劇本，其中有許多曾經是美國家喻戶曉的電視劇。在他的生涯高峰，曾經雇用超過二千位的員工。賣掉工作室後，又寫了十一本暢銷的小說。這個例子告訴了我們，他並沒有向自己最初的命運低頭。**同時也提醒了許多家長和小學的老師們，不要一味只想讓孩子們要贏在起跑點，更重要的是在終點線才能決定勝負。**

時薪七塊的搖滾鼓手

電視劇製作人和劇本作家，史蒂芬・凱納爾雇用的二千位員工當中，有一個職務，是在信件收發室工作，待遇每小時七塊美元，除了收發信件外，還要打雜，任職這份工作者，都會抱怨待遇低，又要超時；所以經常找不到適當的人選。有一天來了一位四十歲，原先年收入十萬美元的搖滾樂鼓手，由於太太預備生產，他不想隨著樂團到處巡迴，就來應徵這份工作。這位名叫史蒂夫・貝爾斯（Steve Beers）的中年人接下工作後，他的工作態度良好，樂於幫助別人，分擔額外的工作，在公司裡傳開後，獲得大家的好評。有一天他擔任代理司機，駕駛凱納爾的轎車時，無意間聽到凱納爾需要洗一套西裝備用，他立即自動到凱納爾的家，拿需要洗的西裝到乾洗店，隔天就把西裝掛在轎車裡。因為他具有這樣的工作態度，使得凱納爾的兩位製作人，在尋求助理時，凱納爾立即推薦史蒂夫・貝爾斯給他們，一年後貝爾斯升任為製作人，給予五十萬元的年薪。

西雅圖有一家叫Dillano的咖啡烘焙店，僱用二十八位員工，銷售咖啡豆到全美五十州的咖啡店。瑪蒂・考克斯（Marty Cox）在加州的長堤（Long Beach）開了四家咖啡店，就是向Dillano買豆子。在一九九七年UPS罷工，聯邦快遞（FedEx）和美國郵政的負荷量暴增，瑪蒂需要的咖啡豆，如果無法按時供應，生意就會立即大受影響。Dillano為了解決顧客的困難，租用拖車親自運送，每週從西雅圖到長堤，開車三十四個小時往返二三二〇英哩車程。這種額外的服務，卻給Dillano獲得一位忠實的長期顧客。而在六年期間，瑪蒂從四家店，擴展到美國九個州的一百五十家連鎖店，也成為Dillano的最大顧客。Dillano的這種額外服務的精神，令他原先在一千六百平方呎的面積，一次可以烘烤二十五磅。一九九二年每月烘烤二百磅咖啡豆的事業，擴展到擁有二萬六千平方呎的廠房，具有兩組烘烤機，一次烤一千六百磅，一年銷售一百萬磅，營業額一年超過千萬美元。

許多頗有成就的企業家，回顧自己在工作初期，幾乎都有類似的經驗，不計較待遇，總是付出比該得的報酬更多的服務。而這就是他們終於會有成就的基本因素。

馬戲團的小象

在馬戲團剛出生的小象，被綁在木樁上限制它的活動範圍，但隨著小象漸成長為五噸重的大象時，依照牠的能力而言，如果要擺脫被綁在木樁的限制，是絕對沒有問題的。可是卻幾乎沒看過大象嘗試去拉斷繩索，掙脫束縛。主要的原因是從小累積了許多次掙脫失敗的結果，久而久之形成了條件反射。大多數人在成長過程，也有類似小象的經驗，反而限制了企圖發揮潛能的雄心。

胡迪尼（Houdini）註 是美國的魔術師，以能從鎖鏈、手銬、緊身衣，及用掛鎖鎖住的箱子中逃脫而聞名。他曾經誇口說：「在一小時內，我可以從世界上，任何一所監獄的牢房裡逃脫。」唯一的條件是不穿獄服，允許他穿著自己日常的衣服。美國有個小鎮新建了一所監獄，為了證明新監獄讓任何犯人都無法逃脫，他們向胡迪尼的宣言挑戰。當胡迪尼走進牢房關上門後，他從褲上的皮帶內取出十吋長的柔軟強韌的鋼片，信心滿滿地試著去開鎖。經過三十分鐘後，他臉上信心的表情已經消失，一個小時終止的時候，他已經汗流浹背，兩個小時後他已經疲憊不堪，體力不支地靠在牢房的門上。結果牢房的門，就自然的被推開了，原來這扇門始終都沒有上鎖。在人生的旅程，我們不知道有多少人，自己鎖住內心的門，卻遲遲不敢去推開它。

老年人的強盛生命力

如果將潛意識比喻為一片園地，意識就是園丁。園丁可以選擇播下任何種子，就如同種瓜得瓜，種豆得豆，播下什麼樣的思維，潛意識就會使它萌芽、成長、開花。有智慧、有建設性的思維，自然會蘊釀出，對生命上有助益的果實。

猶太後裔的義大利科學家麗塔・列維・蒙塔爾奇尼（Rita Levi Montalcini）註在一九三〇年受到墨索里尼的壓迫，離開大學教職的時候，回家後仍繼續把自己的臥房當作研究室，持續地在做研究，一九八六年她與美國的科學家，共同獲得諾貝爾醫學獎；在二〇〇九年四月十八曰，度過百歲生日時，她說自己的精神和心靈，還和二十歲的年輕人一樣的睿敏。愛默生曾經說過：「一個人直到他無所作為以前，不能夠以他的年齡來評判他的工作。」

心臟外科的先驅麥可・德貝基（Michael Debakey）註在一九三二年製作了滾動式的唧筒，以推動血流。他所發明的這種小器具，目前在心導管手術裡還繼續在使用中。在九十歲時他曾發表感言，表示他的人生哲學是只要身心能夠繼續維持挑戰，他的生命就是活躍的。

蘇格拉底八十歲才開始學樂器；世界最大的一幅帆布畫，是米開朗基羅在八十歲畫的；歌德在八十歲完成了世界不朽的傑作「浮士德」；利奧波德・馮・蘭克（Leopold Von Ranke）註在九十二歲完成了世界史（History of the World）的鉅著；牛頓在八十五歲還在孜孜不倦地工作；二十世紀最有影響力畫家之一的畢卡索，在九十歲時也仍然活躍著。

法國一位可敬的婦女叫做珍妮・路易斯・克萊門（Jeanne Louise Calment），當她和名畫家梵谷在一起時，還沒有人認識她，可是她不斷地騎自由車到一百歲，才突然受到世界的矚目，一百一十歲的生日，她收到來自世界各地的生日賀卡，當她一百一十八歲時，破了歷史上，有檔案記載的最高年齡的記錄。她說：「我儘可能快樂的生活，一生問心無愧，維持高尚的道德。」，直至一百二十二歲，她的微笑仍散發著一種迷人的魅力。

一個人如果認為自己無所作為，已經失去學習的能力和興趣，他的潛意識也會告訴他這個訊息，使他失去夢想與追求新世界的好奇，人生因此缺乏樂趣，變老的速度會瞬間加劇；但如果可以不斷地追求新知，接受新的挑戰，對世界充滿好奇心，才能永保青春。有些人在三十歲就已經衰老，但也有人在八十歲仍然保持年輕、有活力。

魔法般的自我催眠

在一八四〇年代，有一位醫師叫作詹姆士・伊士戴爾（James Esdaille），他當時在印度的孟加拉行醫，從一八四三到一八四六年間，他曾經施行了四百件重大外科手術。他的手術包括有截肢、咽喉、耳、鼻…等，令人驚訝的是，這些手術都是在麻醉藥尚未出現之前所實施，他用一種心靈麻醉的方法，來進行他的外科手術。病人居然真的感覺不到，任何一絲一毫的疼痛，而且在手術的過程，也沒有任何死亡的案例，手術後的死亡率也非常的低。然而，在近代醫學的發展歷史中，麻醉藥剛問世時，所進行的外科手術，死亡率還是相當的高。後來經過研究才發現，是由於手術過程裡，病患傷口發炎或病毒感染，所引起的結果。於是後來在進行手術時，就相當重視器具的消毒。但是在伊士戴爾的手術情況下，不使用麻醉藥，也沒有所謂的消毒，病人只是在接受他的某種忠告後治療，給予這些病人在潛意識裡，產生對於病菌的抵抗，使得患者在手術成功以後，還能夠生存相當久的時間。

在一七三四年，出生在奧地利的一位醫師佛朗茲・安東・梅斯爾（Franz Anton Mesmer）註他在十八世紀末和十九世紀初，到法國巴黎行醫，他曾經用一個磁鐵片放在病人的身體裡，結果能夠奇妙地把病治好。後來他又改用一種金屬片或者是玻璃等，同樣可以醫治患者。最後他乾脆不用任何治療輔具，只用他的手掠過病患的身體，竟然也能獲得治癒。他的理論是透過治療者的手，把某種磁性的物質，傳遞給患者，就能把病醫好。他這種方法後來被稱為梅斯梅爾（mesmerism），是目前的一種催眠術名稱的來源。其實我們聽過許多心理醫師，或者是診療師，還有一些宗教團體，他們可以很奇妙的治癒某些疾病。這是因為病人對於治療過程，有一種特殊的信仰，在他的潛意識裡極度相信它，因而造成某些奇蹟的出現。所以也有人說，**心理醫師是在去除病人的心理障礙，一般醫師則是在去除病人的物理障礙，而真正治好病人的，是病患自身的潛意識。**

在北美有位九十五歲的獨居老翁，準備住進政府安排的公寓。當社工人員帶著他要去公寓的路途時，對著老翁說：「希望你會喜歡房子，快樂地住下來。」老翁回答：「沒問題，我一定會喜歡，也會很快樂地住在那裡。」社工人員疑惑地問他：「你還沒有看到房子，怎麼會知道喜不喜歡？」老翁說：「會不會快樂，喜不喜歡，是我在做決定的，不是房子替我做決定。」老翁的心態，就是讓他長命百歲，仍然健壯地可以自理生活的條件。決定個人的命運，不在於生活的環境和遭遇的處境，而是在於如何面對的態度來決定。

快樂的人吸引到美好的一切，煩惱的人則吸引了更多負面的一切。**當你的身心愉快對世界充滿善意時，美好的人事物也會自然地被你吸引；相反地，如果你感到心情鬱悶、不快，覺得什麼事情都不對勁時，負面的一切人事物境也會接踵而至，這就是所謂的吸引力法則。**

註

1 米開朗基羅（Michelangelo，1475年－1564年），是雕塑家、建築師、畫家和詩人。他與李奧納多・達文西和拉斐爾並稱「文藝復興三傑」。

2 史蒂芬・金（Stephen King，1947年－），是一位作品多產，屢獲獎項的美國暢銷書作家，編寫過劇本、專欄評論，曾擔任電影導演、製片人以及演員。他的作品銷售超過3億5000萬冊，以恐怖小說著稱。

3 約翰・克雷西（1908年－ 1973年）是英國犯罪和科幻小說作家。

4 狄摩西尼（Demosthenes，前384年－前322年），古希臘著名的演說家，民主派政治家。

5 盛田昭夫(1921年–1999年) 日本著名企業家，索尼公司（Sony Corporation）創辦人之一，也是名譽董事長。

6 哈利・胡迪尼（Harry Houdini，1874年－1926年），被稱為史上最偉大魔術師、脫逃術師及特技表演者。

7 麗塔・列維・蒙塔爾奇尼（Rita Levi-Montalcini，1909年－）是義大利神經生物學家。與同事史丹利・科恩獲得1986年諾貝爾生理學或醫學獎。至今，她是最年長的在世的諾貝爾獎得主。

8 麥可・德貝基（Michael Debakey，1908年－2008年）是世界知名的美國心臟外科醫生，開發人造心臟及心臟泵等儀器的先行者，心臟搭橋手術始創者。

9 利奧波德・馮・蘭克（Leopold von Ranke，1795年－1886年），十九世紀德國最重要的歷史學家，也是西方近代史學的重要奠基者之一，被譽為「近代史學之父」。他主張研究歷史必須基於客觀地搜集研讀檔案資料之後，如實地呈現歷史的原貌。

第7堂課

耐力超強的金頂電池

用二十五分錢，打造一間餐廳
席維斯史特龍的「一八五五原則」
醫生說，我只會數到十
第一個到場，最後一個離開

回想起在國外的時光，
雖然有光榮也有趣味，
但是唯一讓我不捨的，
就是在身後默默支持我的女人——太太。
她在台灣是北一女的教師，
跟著我去美國之後，
卻彎下身子去當個餐廳的服務生，
每每看著她長期操勞而粗糙不堪的雙手，
我只能多次在心裡默默的對她說聲：
「謝謝。」

用二十五分錢，造就一家餐廳

加拿大教書之前，家中的經濟一直是靠太太維持。從最初的當保母，直到孩子長大了，她開始到餐廳打工當服務生；即使如此，整體的經濟狀況還是十分詰据。

記得某次的一場暴風雪，學校沒有停課，大家都開車上學，但是為了省下二十五分錢的停車費，我頂著風雪騎著自行車出門，到學校的路程約莫要三十分鐘，我默默的緩緩前進。一不留神車子的輪胎打滑，我連人帶車在結冰的路上滑行了十公尺左右，那一瞬間我腦中想到的是：「萬一我受傷了，孩子們跟太太怎麼辦？醫藥費怎麼辦？不能上課念書就沒有獎學金，家中的經濟怎麼辦？」那種萬分恐懼與害怕的心情，完全不是一般留學生所可以想像的。還好並沒有什麼大礙，我站起來拍了拍身上的雪，繼續冒著風雪前進。

另一次太太生病了，上廁所小便的時候有疼痛感，我認為是膀胱炎之類的問題；但是在美國如果沒有保險的話，看醫生的費用相當昂貴。當時自己有學校的醫藥保險，為了節省醫藥費，我到醫院裡想裝病領藥給她吃，沒想到反而檢查出輸尿管有結石，反而被強制住院；但是住院需要高額費用，而且這麼一來，也無法將藥轉給太太，我只好選擇半夜溜出醫院，回家裝做什麼事都沒發生，也不敢讓太太知道。

雖然是窮困的留學生涯，我們夫妻倆從來沒有給孩子任何的壓力，不讓他們感受到生活上的困難；也許是因為小時候的艱苦，讓我身為人父之後，盡我所能的想給孩子安穩的生活。

直到任教於加拿大康克迪亞大學，家裡的財務狀況才穩定了許多。太太和我討論之後，她決定辭去服務生的工作，自己開一家餐廳。一開始找到的地點不好，加上又沒有經營餐廳的經驗，生意十分慘淡，太太三不五時就會從店裡打電話說：「怎麼辦…沒生意怎麼辦…？」那段日子我們兩人的壓力都相當大，一直苦撐店面了三、四年，生意才日趨好轉。後來又找了一個人潮較多的地點，大膽的開了第二家店。太太一個人顧兩家店難免會應接不暇，見她如此勞累，心中相當不捨，所以在一九八五年時，我毅然的辭去教職，致力於餐廳的事業。

經營餐廳一段時間，也許是太過勞累，在某一天的夜晚，約莫是半夜兩點的時候，尿結石突然復發，痛到無法入睡，又不忍心吵醒太太，只匆匆的留下一張紙條，強忍著極大的痛楚，自己趕緊開車去急診，到達醫院之後，便因難耐疼痛，暈倒在醫院門口。直到我再次醒來的時候，已經是早上六點了。此時太太也已經趕到醫院，並帶著滿臉的擔憂；她只陪伴了我一會兒，就又連忙趕去開店。

醫師決定先趕緊開刀將結石取出，因為最初發現有結石時，並沒有選擇處理，導致延遲就醫，輸尿管已經整個發炎潰爛，腎臟也因無法排尿而腫脹，只能先從腎臟插管導尿，再動手術將原輸尿管割除，利用膀胱縫製新的輸尿管。這在當時算是相當大的手術。

動手術的前一天，有醫師帶著幾位實習醫生來做參訪，當年進行這個手術時，僅是北美的第五例，對於實習醫生們具有相當的學習價值。當然除了學習手術的過程之外，醫師也教導他們，該如何穩定病人的情緒。一般來說，面對大型手術的病患，情緒上難免會緊張，所以醫生的情緒安撫，扮演著十分重要的角色。

隔天就要進手術房的我，雖然躺在病床上，卻還在看著理論力學的書，這樣冷靜的態度，反而令他們相當的驚訝。這段期間太太縱使擔心，卻更認真的將餐廳經營好，不讓我去擔心任何家中的事情，或是店裡的營業狀況，她總是笑笑的說：「一切都很好，你安心養病吧。」

感謝加拿大的醫療保健十分的完善，除了費用全由政府給付之外，醫院的醫療團隊也相當的用心。在等待手術的時間，大約有兩個月，這時候我帶著腎臟插管的器具在家休養，為了不讓病患奔波於醫院與家中，醫院的護士天天到家裡來清洗更換，這樣的敬業精神與醫療服務，反觀台灣目前可能都還無法做到。

席維斯史特龍的「一八五五原則」

缺乏堅持，是大多數人失敗的最主要因素，其實容易明白的道理不可勝數，但在執行時卻困難重重。堅持是一種心態，是結合毅力和強烈的欲望，存在於內心的態度。堅持也是一種行為，重複不斷地給予實踐的機會，就會培養成一種值得珍惜的好習慣。富比士（Forbes）雜誌的創辦人伯蒂・查爾斯・富比士（B. C. Forbes）說過：「歷史顯示最受注目的勝利者，在取得勝利之前，都會遭遇令人心碎的障礙。而他們之所以會成功，就是因為拒絕挫敗而氣餒。」

席維斯・史特龍（Sylvester Stallone）從小懷抱當電影明星的強烈夢想，他走遍紐約造訪所有他能找到的經紀人，結果一次又一次地被拒絕。但他從不放棄地再叩下一個門，在拜訪了一八五五扇門之後，他終於在洛基（ROCKY）一片暴紅，又在藍波（RAMBO）一片奠定他超級明星的地位。

彼得・古柏（Peter Guber）在四十八歲時，就擔任了索尼影視娛樂公司（Sony Picture Entertainment Inc.）的執行長和董事長，是二十世紀最成功的電影製作人之一。他和合夥人喬恩・彼得（Jhon Peter）的作品，在奧斯卡（Oscar）金像獎裡被提名的就有五十二項之多。他的成功與堅持有很大的關係。例如早在一九七九年，他們就已經買到了蝙蝠俠（Batman）的製片權，但經多人的反對，認為這類影片除了小孩和漫畫迷的少數人以外，不會有市場。幾經波折，一直拖到一九八八年，在他的堅持之下才開始製片。過程中仍然遭遇許多危險、失望、挫折。然而電影一上映，票房就空前賣座，週末開映的收入包括附帶商品，估計超過十億美元，扮演蝙蝠俠的邁克・基頓（Michael Keaton）也立即名噪一時。

另外像雨人（Rain Man）此部經典電影，也是在古柏的堅持下才順利出片。雨人的出片過程非常艱辛，首先歷經了五位作者才將劇本寫完，在拍片過程中又換了三位導演，其中包括大導演史蒂芬・史匹柏（Steven Spielberg）。有些劇本作家或導演主張片中安插一些動作鏡頭，或謀殺案件，或性愛插曲，否則沒有觀眾願意花錢，看整部電影只有兩個人坐在車上交談，其中一位還是智障，遊遍美國各地的影片。但是古柏毫不妥協，他一心希望製作出一部，透過兩位兄弟的互相了解，觸動人類心靈深層的電影。結果在一九八八年雨人此片，一舉榮獲奧斯卡最佳影片，最佳導演和最佳劇本等四大獎。

成功者都有一般人所沒有的某些特徵，而那些就是最值得我們倣仿的地方。不輕易放棄，擁有超人的毅力，是多數卓越成就者，具有的共通特質。做事只要堅持愈久，成功的機會就會愈多。所有的障礙都是在考驗我們的毅力，是否能夠承受壓力、拒絕放棄。面對每一件事情，怕失敗、怕被拒絕的心理，就是最大的敵人，克服了自己的恐懼與設限，成功就會屬於你的。

醫生說，我只會數到十

在加拿大溫尼伯（Winnipeg）的一對夫妻伊萊恩（Elaine）和伯尼（Bernie），育有一男二女。他們發現最小的男孩大衛（David）出生後不久，就顯得有些異樣，頭向右傾斜，頸部向前彎曲。尋求許多醫師的診斷，確認大衛罹患嚴重的腦性麻痺，將來有可能無法走路、說話和學習都有困難，最多或許只會數到十。醫師建議為了孩子的好，也讓家庭可以有正常的生活，最好是把孩子送到療養院，長期接受照顧。為人父母的伯尼和伊萊恩當然希望自己的孩子，可以和正常的小孩一樣健康地成長，於是竭盡所能地又找了二十多位專科醫師，結果每一位醫師，都給予幾乎同樣的答案。

就在幾近絕望的時候，聽到芝加哥有位醫師，因專門治療腦性麻痺而聞名世界，但是他的病人來自世界各地，必須透過其他醫師的引薦，無法親自登門求診。於是伯尼請他們的家庭醫師代為引薦，但是由於求診的病患眾多，排隊掛號幾乎要等上一整年。伯尼想盡辦法和他取得聯繫，並說服他讓兒子排在後補的位置，一旦有人取消預約，就可以插隊求診。十一天後他們等到了看診的機會，在檢查了好幾個小時之後，仍然確定大衛是腦性麻痺。不過醫師告訴他們如果真有決心，願意接受漫長無止境的挑戰，也許會有希望。那就是大衛必須終生做復健，並且要強迫要求，超出人類可以忍耐的限度，長期掙扎奮鬥，如此才有可能克服病症。

伯尼和伊萊恩從那一天開始就下定決心，要幫助他們的兒子變成一位正常人。回家之後，他們立即把地下室，改裝為復健室和健身房，並請了專業的復健師和健身指導員。為了支付人員的費用，找了兩份工作，每週工作七天日夜不休，連續七年當中只休息了一個夜晚。大衛在專業指導員的幫助之下，幾個月之後看到了希望的曙光；他開始可以自己移動身體，這是邁向成功的里程碑。在大衛六歲時，第一次非常掙扎地做了一下伏地挺身，做完時不僅汗流浹背，連地上的墊子也被汗水浸濕，當下父母、二位姊姊及復健師都喜極而泣。那不只是喜悅的淚水，更是勝利的眼淚。

美國一流的大學，也曾經檢查過大衛的狀況，發現他身體右側的神經並沒有連接，這意味著即使可以行動，身體也很難維持平衡，所以大衛每天必須強迫自己，花三個小時的時間做運動，做一千下的俯地挺身。在大衛的成長過程中，他曾學了整整一年的溜冰，還得靠曲棍球棍的支撐，才能站在冰上。

父母和二位姊姊的長期關心、鼓勵，加上自己的決心與毅力，原本行動困難的他，竟能參加地區性俱樂部的曲棍球隊打左翼，也學會了游泳、騎自由車，可以一口氣跑完六英哩，十一歲時高爾夫就可以打進九十桿以內。中學讀加拿大最負盛名的私立學校St. John's Raven Coart School For Boys。當初被認定只能數到十的小孩，七年級的時候就可以做九年級程度的數學。大衛對抗腦性麻痺的毅力，使他終身可以過著正常人的生活，結婚育有三位健康的孩子，而他的父親，最後開設了一家加拿大最大的家庭用品店。這確實的告訴了我們，沒有任何事是不可能（Nothing is impossible）。

第一個到場，最後一個離開

美國NBA職籃球員，奧運會的金牌得主，後來擔任愛荷華（Iowa）大學的籃球總教練史蒂夫・奧爾福德（Steve Alford）說過：「當我和麥可・喬登（Michael Jordan）一起在奧運代表隊時，發現他的能力和其他隊友們的能力相差了一大截。但令我印象更深刻的是，訓練時，他往往是第一個到場，最後一個離開。」喬登之所以會是籃球界的超級球星，從史蒂夫的描述就可想而知。其實喬登在中學時代，因為身材沒有其他球員優秀，不被教練看好，所以每次練球他都是第一個到場，最後離開的球員；所謂的天才球星就是這樣培養出來的。

芝加哥論壇報的專欄作家，曾有一篇報導，在一個寒冷的夜晚，麥可喬登在賽後，擠過一大群球迷走向車子，正當他打開車門時，看到有位坐在輪椅的孩子，頸部彎曲著很不尋常的角度，就在距離他的車子六、七公尺的位置，小孩無法抬頭向前看。喬登看到那個情境，立即走到小孩的身邊，蹲下來安慰他，小孩非常興奮地想從輪椅爬起來，但心有餘而力不足，喬登把手放在小孩脆弱的肩膀上。小孩的父親把握機會趕緊拿出相機拍照，但老舊的相機不好操作，喬登敏感地注意到這個狀況，特地繼續留在小孩身邊，讓小孩的父親拍完照才離開，那對父子隨之流下興奮的眼淚。愈有成就者，愈會有惻隱之心。

比爾・鮑爾曼（Bill Bowerman）原本是俄勒岡大學（University of Oregon）的長跑名教練，一九五〇年代，他的訓練培養出幾位，長跑的世界記錄創造者。不過除了世界一流的跑者外，他還有一位非常特別的學生菲爾・奈特（Phil Knight）；他雖然不算是一流的選手，但一英哩可以跑出四分十三秒的成績，也算是非常難能可貴；重點是他在史丹佛大學（Stanford University）取得MBA的學位。而這位不斷想創新的鮑爾曼教練，曾提出一項論點；他強調如果可以減輕跑鞋的重量，即使只相差一盎司（ounce），就有可能是勝負差別的關鍵。這個概念引起奈特的關切，於是他在史丹佛畢業後，特地跑到日本深入了解運動鞋的製造。回美國時，帶著日本虎牌（Tiger）的運動鞋樣本，前往拜訪鮑爾曼教練。

他們兩人各出資五百美元，創設一間藍帶運動公司（Blue Ribbon Sports Company），取得日本虎牌運動器材的獨賣權。由於資金不足，奈特只能利用岳父住宅的地下室當倉庫，一年下來只做了八百美元的生意，根本不足以維持生活。雖然如此，但他絲毫沒有氣餒，更是瞄向遠大的目標；當時西德的跨國公司愛迪達（Adidas）已經有了相當規模的發展。奈特看到運動鞋有新的市場，把握一九七○年代，運動用品快速繁榮的契機，和鮑爾曼共同研發新的運動鞋材質，自創品牌，在亞洲地區生產，並以希臘勝利女神奈琪（Nike）為名，開拓美國市場。一九八○年Nike成為上市公司時，奈特的身價已超出三億美元。鮑爾曼賣掉他的股份退休，過他悠閒的晚年。以一千美元起家，成為全球知名的跨國運動用品公司。當初為運動鞋減輕一盎司的概念，專程造訪日本，創業之初，以岳父家的地下室做為倉庫，辦公室外的走廊做為會議室。他講過一句值得深思的話，他說：「如果沒有覺悟，願意每天要待在廚房二十三小時的話，就不要想開餐廳。」成功者是以什麼樣的心態在做事，此話正指出重點。

有位聞名世界的鋼琴大師，每天還要花八個小時來練習。有人問他：「為什麼您已經如此有成就了，還需要用那麼多的時間練習？」他回答說：「如果一天沒有練習，自己就會感受到，如果兩天沒有練習，評論家就會感受到，如果三天沒有練習，聽眾就會感受到。」的確，成功者都會有這種體認。即使有了成就，還會持續不斷、從不懈怠地，在已經卓越表現的領域，更加的精益求精，如此才有可能登峯造極。我們能在自己選擇的領域，付出這樣的心力，不僅工作順遂，成功的日子，當然也會指日可待。

就如同我在訓練田徑隊、橄欖球隊時一般，其實從無到有、由弱轉強並不是最困難的；因為當我們處於一個挑戰者的角度時，前方有可敬的對手，有既定的目標想達成，競爭的鬥志會很自然的湧現。但是當獲得冠軍之後，一瞬間沒有了前方的目標物，這是十分容易讓人鬆懈的。然而當我們在高位時，挑戰者會為了擊倒你而加倍的努力，倘若稍微懈怠，很快的就會被取而代之；這就是為何成功者，要更加精益求精的原因。**無論是在運動場、職場、商場…等，甚至是在社會上的各個角落，如何能讓自己持續的保持衛冕，才是最困難的地方。**

第8堂課

扣掉存款，你還有多少身價

負債是為了信譽
享受最貧窮的富有
不該窮而窮是一種罪過
不要當一隻青蛙
你確定你想變有錢？
請培養自己的強迫症

金錢上的困乏，
只是建立在物質上的需求，
人的本質才是最重要的。
即便是再貧窮的日子，
仍要秉持著強烈的道德觀念，
來面對任何的事情。

負債是為了信譽

一九八七、八八年的時候，我在多倫多的一間shoping mall裡，開了一間較大的店面。規模擴大了許多，座位數大約有四、五百人，一個月店租金，就要一百萬台幣上下，不過生意算是十分的穩定。一九九〇年時，另一群台灣移民潮，湧進美國與加拿大。當時台灣有錢階級的家庭，陸續將孩子送來國外讀書，但大部分的孩子都考不上學校，更別說藉由申請獎學金，獲得申請綠卡的資格。

剛好這時候太太的姪女在公司上班，她介紹了一些老闆級的人物來，由於十幾年沒有看過台灣人，特別有著一股親切感，一種對著台灣的感情。於是我決定要幫忙這些孩子，讓他們能夠順利的在國外念書；我想到的的方法，就是讓他們的父母在加拿大投資。基於強烈的自信心之下，我收掉了自己原本的店面，重新開一間餐廳讓他們入股投資；然而那時北美的景氣卻開始蕭條。投資案中，自己也投資了很多錢，但是生意始終起起伏伏，到最後還是沒有轉虧為盈；加上師大邀請應聘回國任教，思考再三，我收掉了餐廳，並堅持把他們投資的錢都歸還。從小受母親與祖母的家庭教化中，認為幫忙要幫到底，吃虧由自己來負擔。但是這件事，也讓兒子們至今對我仍然不甚諒解。

一路走來，似乎不斷的在困苦的環境中載沉載浮，但是我的人生字典，始終認為，努力就沒有什麼是做不到的事。這樣的信念，直到現在依舊是深烙在我的心裡。

享受最貧窮的富有

許多人面對金錢都有一種複雜的情緒，有人認為只要有錢，生活不必煩惱，可以自由選擇自己喜歡的工作，有機會幫助自己所關心的親友，享受真正的自由，獲得幸福快樂。另一方面又認為，為了要儲蓄足夠的財富，必須努力工作，消耗相當長時間，而到了累積足夠時，自己也許已經太老、太疲累，無法享受自己賺來的報酬，寧願選擇及時行樂。假設沒有退休制度的保障，或親人的扶養，九十五%以上的人，在年過六十五歲以後，就沒有財務獨立生活的能力。這是一件不應該有，但卻悲慘地存在著的事實。

有些人認為，富人們唯利是圖，是侵害他人的權益、欺詐錢財之輩，或官商勾結不法所得者。於是睥睨他們，敬仰崇拜兩袖清風的廉潔官吏。同時認為富裕的家庭不會幸福，清寒的家庭生活雖苦，卻比較溫馨。的確，這些人們，不一定真正快樂幸福，也不一定擁有精神上的安穩；但每天要為基本生活煩惱的人，也沒有任何理由，可以自我解嘲地以為，只要有正面的心態，沒有錢也可以富有。

人的一生，雖然不必汲汲營營，但絕不是落魄到，要為衣食住行而煩惱。不一定要每天進餐廳或飯店，但當生活或事業的特殊情形，必須去餐廳或飯店時，可以不考慮價錢，只考慮自己喜歡去的地方，和喜歡吃的食物。這是分辨富有與否的最基本的標準。而能達到這種基本標準的比例，其實卻很低。

要能長久維持真正的富有，首先必須提昇自己的身價，也就是要培養更多的技能、智慧、專業知識與精神，可以獨當一面，處理大多數人不敢面對的事件，要有創意貢獻於廣大的層面，才能持續創造財富。例如在各階層工作崗位的工作者，為公司、為同事、為顧客的服務與幫助，知識份子透過教學、演講、寫作提昇學生、聽眾和讀者的生活品質，凡是影響的層面愈廣愈深，創造的財富就會愈多。**個人的財富，不是以他在銀行存款的多少，或擁有多少的不動產來決定，而是以他可以創造多少財富的能力來決定。**

不該窮而窮是一種罪過

一個人的思維和價值觀主宰著他的行為模式。所以當你認為自己是什麼樣的人，你就是什麼樣的人。如果不滿意眼前的現況，想要有所改善，就要跳脫現有的思維和價值觀，改善腦袋的內容與品質。要達成解脫貧窮，期待擁有財富的願望，在價值觀上就必須徹底做改變。**如何正面看待「財富」的價值觀，就是追求「財富」的起點。**

同情窮人是一種美德，社會有責任去照顧，身心缺陷的弱勢團體和孤兒。可是社會上還有一大群不該窮卻很窮的人，而這一類的人，很可能就是犯罪、竊盜、嗜賭、酗酒、吸毒、髒亂疾病的根源。

我成長在一個極度貧窮的家庭，父母在二次大戰過後社會動亂時被搶劫一空，想東山再起，借款創業又遭詐騙和惡性倒閉。一家十口只能住在租來的小屋子裡，可想而知我們當時艱苦的日子。後來家境稍微好轉，有能力購買一間像國民住宅的小屋時，父親又毫無預警地腦溢血過世。我是家裡唯一接受較好教育的孩子，有責任照顧家人的生活，與弟妹們的教育，便扛起負擔家計的角色。母親為了減輕我的負擔，設法把家裡房子隔間出租，想藉此增加家庭收入，沒想到承租者卻屢遭奸商欺騙，無力付房租，我們家反而變成了他們的避風港。雖然是這樣的環境之下，我們最後還是擺脫了貧窮。如果大家都能發自內心的體認，避免貧窮、減輕社會的負擔，是每一位正常人的責任與義務時，那麼社會上的窮人數目，就不會如此龐大。

一位學者說道：「適度的節儉是一個好習慣，但是光靠節儉是不能夠富有；過度節儉會變成吝嗇，窮人最節儉、吝嗇，但終其一生還是窮人。」**財富的累積是靠內心富有的人，所創造產生的結果。**

不要當一隻青蛙

我們在合法而不侵犯別人的權益下，要有勇敢追求財富的心態，有機會賺錢的時候，就積極地去爭取，這絕不是種貪婪的行為，而是個人的權利，是一件光榮的事情。要懂得讓錢活絡、流動，不要做守財奴或吝嗇的人。擁有財富的目的，除了改善生活，獲得幸福、快樂、健康以外，也能夠做更多有益、造福社會的事情。金錢的活用，就像血液流動在身體裡，循環不息一樣，也像潮水的週期一般，規律的潮起潮落。有益及快樂的使用錢，它就會以複利計算來回報你。

賺錢並不是人生的唯一目的，而是一個附帶的結果，就像洛克菲勒曾經是一位收入微薄的記帳員，他為了燈油，要在大熱天裡，走二英哩的路，去買二十五分錢一加侖的油。在石油尚未成為一項事業之前，他為了讓大眾可以方便取得，開創了開發石油的事業。微軟總裁比爾蓋茲，他希望全世界的人，都能有一台個人電腦，他讓這個目的達到了，而附帶的結果就是他變成世界首富。同樣地，現今公司或家庭裡的個人電腦，也提供人很大的便利性，可以讓人簡易地儲存檔案、資訊溝通、搜尋資料等等，這樣的方便性，也是IBM、微軟、Apple、Google的創辦者，累積財富和聲望的原因。

一個人要有雄厚的財力、能力和勇氣，去面對逆境和挑戰，才有條件去談安逸溫飽的生活。但長期的安樂，會使人墮落和怠慢；如果一個人還沒有顯著的成就，就選擇耽於現實環境的舒適穩定，只要生活上發生劇變，那麼慘痛的悲劇，就很可能因此產生。

在十九世紀末，康乃爾大學（University of Cornell）裡，有一個很有名的實驗報告叫做「青蛙效應」。就是在實驗室裡放二鍋水，一鍋水是沸騰的熱水，另一鍋是冷水，當把美國牛蛙放到熱水的時候，青蛙立即往外跳，一下子就跳到外面的實驗桌上；然而把青蛙放到冷水時，青蛙就很安逸地悠游在冷水中，然後在冷水裡慢慢加熱，青蛙仍舊繼續的在水裡游泳，等到水溫的熱度，已加溫到會危害生命時，牠才開始掙扎，可是牠已經沒有能力，跳脫那危險的環境，最後只能死於熱水之中。**這就是生於困境，而死於安逸的青蛙效應**。類似「青蛙效應」的現象，在現實生活中可以找到許多案例。所以每個人都必須身經百戰，練就可以面對各種逆境挑戰的能力，除此之外，還能維持財富的獨立，才有資格去過安逸溫飽的生活。

你確定你想變有錢？

具備財富獨立，給人有更多自由的空間，選擇一個自己喜歡的工作，或找到符合個人志向，發揮一己之長。所謂財務的獨立自主，就是不必依靠其他人的援助，包括政府的退休金或慈善機構的援助，可以自由自在地生活，即使身體有了毛病，也不必擔心沒有錢就醫。要能達到這個標準似乎不難，但真正可以合乎標準的百分率卻很低。

其實，能夠用正當的方法，賺取龐大的財富者，都須要有出類拔萃的才華。累積財富必須先計算現有的財產淨值，包含不動產及動產總額，然後決定到退休為止要增加多少，用什麼方法來累積財富。另一方面，必須計算每個月的花費，以量入為出，至少節省每個月收入的十五%，儲蓄到一定額度後，研究一些投資策略，投資在股票、不動產、金、銀、農作物、石油、瓦斯或政府公債或公司債券…等。無論做什麼樣的投資，本身必須做好功課，熟諳策略。做過美國五任總統的聯邦準備率主席，亞倫・葛林斯班（Allen Greenspan）說過：「這個時代的年青人最嚴重的問題，就是缺乏理財的觀念。」

累積財富的策略裡，必須慎重考慮，具有複利機會的投資。愛因斯坦說過：「複利的計算，是世界上第八種自然的神奇，而是我一生中遇到最有威力的事。」試想你的投資，如果每年有八%的利潤(略低於五十年來道瓊指數的成長)，每九年就可以得到投資額的兩倍。例如：有個年青人從二十五歲開始，每個月存三百元在複利八%的投資，到六十五歲退休時，共儲存十四萬四千元，經由複利的報酬，卻可累積一百萬元左右的財富。如果另一位從三十五歲開始，同樣每個月三百元在八％的複利投資，到六十五歲退休時，共儲存十萬八千元，同樣經由複利的計算，累積的財富是四十四萬元左右。也就是提早十年投資多三萬六千元的結果，卻多累積了五十六萬元，這就是複利率產生的威力。

請培養自己的強迫症

培養儲蓄的習慣，是追求成功的基本條件，大部分人一生慘淡而無法翻身，都是因為沒有儲蓄習慣的結果。一個長期窮困潦倒的人，大多都缺乏自信，很少會有雄心壯志。尤其是債務纏身的人，更沒有辦法表現自尊，工作無法盡責完成，常會為小事斤斤計較。我們知道許多罪惡的根源，是來自於窮困所致。有系統培養儲蓄的習慣，每個月存下自己所得的百分之十，不但可以達到未雨綢繆的功效，累積一段時間以後，也能有一定的財富，並為你賺更多的金錢，這就是所謂有錢者會更有錢的現象。增加你的安全感和信心。人生會更有目標，態度也會改變，養成有這種習慣者的人格特質，都會顯現生活充滿活力、勤快寬裕、有自信，但不奢華、不會揮金如土，總是量入為出。

亨利福特有一次想擴充他的工廠，在資本不足時向朋友借錢，有一位參議員借了幾仟元給他，後來得到百萬元的利潤。洛克菲勒原本只是一名待遇微薄，月薪只有四十美元的簿記員，他一直有儲蓄的習慣，並且深信有這種習慣的人，一定是開創事業的好伙伴，於是他邀約了一些，和自己一樣有儲蓄習慣的人，成立基金會，開創石油事業，這就是石油大王的興起。喬治・威廉（George B. William）原本是週薪三十元的印刷工人，想開個印刷場，但是沒有資金買材料，於是跑到印刷材料行去賒帳，材料行的經理問他有沒有儲蓄的習慣，他說自己每週都儲蓄十五元，持續四年一直如此，經理一聽此人有習慣存錢，就同意讓他賒帳了。結果他的印刷場愈開愈大，終於成為芝加哥很知名大規模的印刷場。

約翰・摩根（J. P. Morgan）註曾經說過：「他寧願借一百萬給有儲蓄習慣的人，也不願意借一千元給奢侈揮金如土的人。」當今世界巨富，也是高科技產業的巨人比爾蓋茲，也都有存錢的習慣，生活簡單而不奢侈。也許大家不會相信他住在西雅圖，偶而會去拍賣商場買折價商品，生活節儉可見一斑。股神巴菲特在一九五〇年代，以五萬多元買下的住宅，一住就是半個世紀以上，還沒有換過新房，從這些地方應該可以了解他們生活的簡樸。

深鎖的門，需要有鑰匙去開啟。同樣的道理，在追求人生的幸福、財富及健康時，也需要有一把開啟的鑰匙；透過一些已經成功的人來引導，或是閱讀如何成功的書籍，並擁有持之以恆的決心，你就能獲得這把關鍵的鑰匙。

註

1 亞倫·葛林斯班（Allen Greenspan，1926年-），美國猶太人，美國第十三任聯邦準備理事會主席。許多人認為他是美國國家經濟政策的權威和決定性人物。他被媒體業界看做是「經濟學家中的經濟學家」

2 約翰·摩根（John Pierpont Morgan，1837年-1913年），著名美國銀行家，亦是一位藝術收藏家。

第9堂課

所有的故事，都是從零開始

一袋書，是我所有的資產

雅典奧運，台灣成功了嗎？

鏡子裡的流浪漢

再多的鹽巴，也不比調味恰當的一桌佳餚

因為對手的燈還亮著

說話前請先學會傾聽

被牛追趕的獅子

在逐漸變老的過程，
你的自信心，
是隨著年齡成長而增加，
還是日漸消逝原有的熱情。

一袋書，是我所有的資產

三十九年前，我身上僅有一百元美金，還有一袋盜印的翻版書，隻身前往美國留學；二十八年後，我依然雙手空空的，回到台灣，唯一不同的，是一袋原版書，和斑白的髮絲，一切又是重新開始。二十八年之間，改變了我的視野、格局、智慧，以及更深厚的科學訓練。

離開待了十年的美國，我轉往加拿大的多倫多發展，旅居國外的時間長達二十八年。原本一心決定要定居國外，然而一方面是母親過世時，我無法返台見她一面，因而耿耿於懷；另一方面當時的師大體育系系主任，一直有意要邀我回國。加上餐廳的經營，又遭遇國際性經濟蕭條的危機，種種的因素，都讓我十分猶豫。在往昔學生的積極遊說與運作，直到開學後兩個星期，才下定決心返台接聘任教。

除了帶了一些書，我是空手回到台灣來，加拿大一百多萬的店金只收了四萬多，當年我六十二歲，重回久違的台灣土地，一切又重新開始。在這個過程裡，唯一感到抱歉的，是一路與我同甘共苦的太太，跟著我這樣勞碌一輩子。

回來台灣時太太也已經五十幾歲，這樣的年紀要重新找工作，是相當辛苦的。以前她在北一女教書的年代，還沒有教師證的制度，所以回國之後只能從代課老師當起，必須跟年輕人們共同競爭考取證照。由於之前在師大的聲望與人脈，她期待我能給予一些協助，但我一向低調，也不好意思這樣去替她打好關係，就連報名時都沒有跟她一同出現；她雖然埋怨，但還是咬著牙拼到了教師證，到了和平高中教書。總讓她覺得不平的是，自己與年輕人拼命考來的證照，卻仍會被傳言是丈夫的幫忙。

太太教書時，真摯關心學生的身心靈，讓學生期末都送上許多的花束、卡片。一方面是輕鬆的教學方式，一方面是餐廳工作時，訓練出來的細心觀察，許多學生們都是發自內心的感謝，甚至好幾個已經上大學或出國留學的學生，都將她當成自已的母親一般，逢年過節都會致電捎來關心。

回台任教於師大碩博士班後，原本是專心於師大生物力學研究室，協助學生們學術上的研究。二〇〇〇年政黨輪替，體育系的系主任被推舉擔任體委會主委，他原本是我的學生，所以偶爾也會來請教我一些意見。一直到雪梨奧運的時候，主委推薦我擔任奧運隊的技術指導。

奧運團隊在出國前夕，爆發舉重選手的禁藥事件，我單純覺得一個有實力的選手，怎麼會捲入這樣的藥檢問題。即使台灣的媒體渲染的沸沸揚揚，我還是直接致電至匈牙利國際舉重協會，詢問這樣的情形是否影響參賽資格，對方的回應是：「除非是國際認證的檢驗中心，驗出有藥物的問題，否則仍然是可以參賽的。」在通過幾次電話，也親自遠赴匈牙利去拜訪之後，我公開的對大眾說明，此位選手仍然有參賽的可能，我們行政團隊方面會極力去爭取。但最後，卻還是基於某些國際壓力的因素，這位台灣的舉重好手，仍被取消了參賽資格。也因為這次的事件，我慢慢的脫離了學校，進入了社會運動的範疇。

即使我的人生不斷的重新開始，但不變的是個人內在的本質；因為自信，讓我有勇氣披荊斬棘，沒有後顧之憂，勇敢邁進自己的目標。

雅典奧運，台灣成功了嗎？

原本自己打算師大任教三年，就準備要退休了，但基於學生的慰留，又申請了延退。適逢二〇〇〇年內閣改組，換了一位新的體委會主委，在學生的推薦下，有機會到國家訓練中心任職。由於美國奧運中心的經驗，心想可以在台灣好好加以改善，建立一個完善的正規制度，於是辭掉延退，正式進入國訓中心。沒想到受到制度的影響，導致師大退休金與退休的年資都沒了，每個月只能領三萬塊。在體委會身為公職人員，必須要放棄加拿大的國籍，所以加拿大的養老金也沒了。這看似挫折的一切，我並不以為意，懷抱著想為社會盡一份綿薄之力的態度，我全心的投入國訓中心的訓練。

二〇〇二年，我轉任為體委會的副主委，負責協助彭處長，督導奧運選手的訓練，二〇〇四年雖然離職，仍感謝當時的陳全壽主委，容我以總領隊的身份帶團出賽。擔任副主委時，我起用彭臺臨擔任競技處處長，雖然他與運動沒有太大的淵源，但他的個人特質卻是令我相當欣賞。彭處長是個充滿熱情、執行力強，並具有不怕被批評的韌性，是個毫無私心認真想做事的人；當時雖然外界有些反對與抨擊的聲浪，但我仍然相信自己的決定。

當時我們鎖定跆拳道、射箭、射擊與棒球等重點項目，同時結合運動科學、心理輔導、運動營養等專家組成支援團隊，聘請有實際經驗的外籍教練，透過人文素養的提升，啟發選手的心靈，這些做法在奧運比賽時的確發揮了作用。**那一年許多人都認為我們的成績斐然，但對我而言，這樣的結果並不足以稱為成功。**

台灣的體育運動，長期以來都是處於弱勢的狀態，由於政府政策上的錯誤，使得台灣的運動基礎薄弱，國際的主流運動也不盛行；沒有主流運動就不會有運動產業，運動發展就更陷入了惡性循環。台灣的學生從小學開始，每周有兩小時的體育課，到大學畢業一共有十六年的時間，但是懂得運動的人卻不到五%，這就是體育教育的失敗，唯有徹底改革學校體育的教育，讓學生了解怎麼運動才能有益身心，才能厚植台灣的運動基礎。

學校運動菁英化，也是體育教育政策上的問題。甄審、甄試制度為不喜歡讀書的人開了後門，體育班成了他們的護身符，如果再碰到偏差的執行者，不僅浪費了學校的體育資源，也無法提升台灣運動的實力。在擔任國訓中心主任時，發現許多國手在大比賽前，特別需要心理醫師的輔導；原因就是從體育班一路升上大學，知識的教育一片空白，甚至一些研究生，連基本的英文單字都看不懂，這種潛在的自卑感，導致心理素質低落，自然無法排解心理的壓力。有些人疑惑為何除了雅典奧運這一屆之外，似乎再沒有傑出的成績出現，其實正是因為這些問題無法徹底的改善，如此一來想在奧運奪金也許只能碰運氣。**真正的成功，並不是偶然之下產生的，而必須是一種必然的結果，才能稱之為成功。**

從體委會退下之後，我接任了全國足球協會的秘書長，雖然對足球沒有太深的淵源，但足球是世界性運動，是一個相當值得發展，可以將台灣推向國際舞台的主流運動；也是唯一發展良好之後，不需要靠政府資助，甚至可以替政府增加收入的運動。因為全球矚目的體育活動中，足球運動的觀眾數，絕對是名列第一。寬闊場地可容納的座位數十分龐大，即使不論周邊商品的商機，單憑門票的收入就不容小覷。然而要辦一個國際賽會，至少要有八個比賽球場，十六個練習場，興建專業的球場的費用動輒幾十億，相當的昂貴，所以對於國內足壇的現況，絕非是單單幾個人就可以改變的，在這樣的自知之明下，我在足協待了一年的時間就想離開。因為若是沒有政府的全力支持，再怎麼樣的理想也只是空談。

無論是求學、生活、教書、訓練⋯⋯，我始終不輕言放棄，因為再多的磨難，我總是憑著「金是越煉越純，鑽石是越磨越光」的信念，堅持到底；但對於太過遙不可及，並非個人理想可以改變的現象，還是要懂得放手。

鏡子裡的流浪漢

有一位衣衫襤褸，十幾天沒刮鬍子的流浪漢，有一天突然出現在拿破崙．希爾（Napoleon Hill）註的辦公室，希爾是許多暢銷書的作者，這個流浪漢從口袋裡掏出一本小冊子，書名為《自信心》，他說想要見這本書的作者。因為就在他準備跳進密西根湖前，偶然間撿到這本冊子，讀完以後，使他昨天多熬了一個晚上，希望能找到作者幫幫自己。希爾見流浪漢無精打采的眼神，就請他坐下來說明清楚。這個流浪漢說道：他曾經投資開工廠，但不幸碰到第一次世界大戰，使得工廠需要的原料短缺，無法開工而倒閉、破產。使他流離失所、妻離子散，正想跳湖自殺的時候，撿到了這本書。

希爾沈思了一會兒說：「我沒有辦法幫你的忙，但是在這一棟樓裡，有一個人可以幫你的忙！」他將流浪漢帶到大玻璃的面前，指著反射在玻璃上的影像說：「就是他可以幫你的忙。」這個流浪漢看著玻璃上的自己，安靜了許久，接著低下頭，不發一語的離開了。

幾天以後，希爾在街上又再次碰到這位遊民，簡直判若二人，不但穿著乾淨整潔，鬍子也修整了，整個人精神抖擻。這個遊民向作者說：「那一天我在玻璃裡，看到一個從未認識的自己。」離開了希爾的大樓後，他就積極地去找了工作，終於找到一份年薪三千美元的工作，老闆還借錢給他買新衣、新鞋，而他正想去希爾的辦公室，告訴他這個好消息。

後來這個遊民從低微的待遇，變成自創事業的企業家，他的事業不僅遍及美國，更擴展到加拿大和墨西哥二個國家。一位幾乎面臨自絕生命的遊民，讀了一本自信心的小冊子，面對玻璃上的自己，而發生了人生的轉捩點。在無預期的狀況下，或似乎不重要的事情，可能會讓一個人產生不可思議的蛻變，表面上好像是一件偶然的事情，但在潛意識裡如果沒有充分的準備，很難會有這種機遇。機會是給準備好的人。轉捩點的出現，只給這種潛意識準備好的人。

再多的鹽巴，也不比調味恰當的一桌佳餚

許多人都會聽過長輩們說：「我吃過的鹽，比你吃過的米還多；我走過的橋比你走過的路還多。」但其實這只是代表年齡的增長，並不一定象徵經驗的累積。在職場上，有些年資較長的前輩，也會以過來人的身份自居，大肆的給予建議或批評；而真正有經驗的長者或前輩，往往是沉靜且內斂的。

在人的一生中，我們會歷經大大小小的事件，有成功的也會有失敗的。但是「經歷」過的事情，並不等於就有這件事的「經驗」；必須了解如何處理事情，才會產生經驗。經驗的傳承，是學習最快速的方法，無論是運動、工作、創業…等；有成功經驗的人，總能完整的詮釋每一個細節，詮釋的愈細緻，相對的經驗就愈豐富。為了要有完美的表達，必須要強化個人溝通能力的基礎，增加文字和字彙的運用。在適當的位置放進正確的文字，不但可以使辭意深厚，更能激勵包含自己在內的所有讀者，動情而訴諸行動。

經驗是培養智慧，判斷力和洞察力的踏腳石。**每個人經歷過的事情，只要是重要的事**

件，無論它的成敗為何，如果能透過文字的整理，親自把它記錄下來，那麼烙印在潛意識的深刻記憶，會一次的經驗，勝過好幾次未經整理的經驗。如果進一步從許多經驗中，一一做文字的整理和記憶，更能夠從歸納、演譯、推理，洞察出一些規律，那麼你將會具有超乎別人的豐富經驗。

內在心靈的溝通，不但可以增長智慧，還可以改變一個人的行為模式。每一個成功者，都有高人一等的洞察力和判斷力。這就是從經驗的累積培養出來的，而最能深刻取得經驗的機會，是來自觸犯錯誤和克服逆境。倘若人生一路都在順境過活，又未經挫敗，是一件很危險的事。

無論是圍棋或西洋棋的高段棋士，每逢下一盤重要的棋之後，總會復盤檢討每一步的得失，和勝負關鍵的棋步。也是因為有復盤的能力，才會成功地做為高段棋士。我們如果把人生每一階段的歷程，想像為一盤棋，並如同棋士一樣，仔細檢討錯誤，則每次的經驗，都會令自己獲益良多。**豐富的經驗，不是用年資來計算，而是以每一次對自己所做的溝通，精確與細緻的程度來決定。**

因為對手的燈還亮著

多一份努力，就是區別了普通人和傑出者的不同。每天比一般學生用功十分鐘，就是取得獎學金與否的差別，隨著時間的累積，就會變成追趕不上的距離。

九十九度的熱水只能用來泡咖啡，但增加一度以上，讓水變成蒸氣時，卻可以推動火車跑遍世界各國，可以推動汽船航行大海。微小的差異，所產生的巨大差別，是令人十分驚訝的。許多的卓越成就者，往往就是付出多一份努力，永遠比別人多跨出一步，卻都是在最難突破的關卡。

美國名歌劇演員保羅・羅伯遜（Paul Robeson）註在羅格斯大學（Rutgers University）讀大一時，參加了一場辯論比賽，前一天的晚上，原本已經準備就寢，但當他望出窗外時，看到唯一可與他匹敵的對手，房間燈竟然還亮著。雖然他已經十分的疲倦，還是決定再繼續努力下去。第二天在背誦史詩時，他覺得非常熟悉，每一首詩就像是自己寫的一樣。從那時候開始，他就體會到無論在任何領域，想要高人一籌，就必須花費更多的時間或注意力，比別人付出多一份的努力。

瑪麗安・安德森（Marian Anderson）註是在費城（Philadelphia）一個窮困潦倒的環境中成長，她仰賴著自己的天賦和努力，成為世界最了不起的黑人女低音。義大利偉大的指揮家阿羅圖・托斯卡尼尼（Arturo Toscanini）註說：「瑪麗安的聲音，一個世紀只能出現一個。」他們除了出身窮苦之外，還是處於種族歧視的時代，必須付出的努力，如果沒有多出的一份差別，豈能有所成就。

籃球超級明星以賽亞・湯瑪斯（Isaiah Thomas）註在印第安納大學（Indiana University）讀到大二以後，棄學加入Detroit的Pistons隊，爭霸NBA，但是職業籃壇的榮耀與明星地位，使得他更深切體認教育的重要。所以湯瑪斯重返學校取得學位，並且說：「無論在任何階層，接受教育是可以避免貧窮的關鍵。教育不但可以影響你如何思考，也可以影響你對世界的感知。」從這種作為也不難推想，他絕對是會付出多一份努力的人，也因為如此才能榮登超級明星的身份。退役後的生涯，他擔任了NBA籃球隊的總教練。

說話前請先學會傾聽

溝通可分為兩方面來看。內在的面相，是藉由感覺、感知、心境浮現的畫面，和自己溝通。外在的面相，是藉由語言、音調、身體的姿態，文字、圖像，和其他的人溝通。善於外在溝通者，可以影響多數人的思想和行動，就可以掌握超乎一般人的力量，當然就更有機會，實現高人一等的成就。如IBM的湯瑪斯・沃森、微軟的比爾蓋茲、蘋果的賈伯斯、Google的謝蓋爾・布林、拉里・珮奇…等等。他們的重大貢獻，使得每一位在創業不久，就立即躋身於世界巨富的行列。

人與人之間的溝通，特別是對公眾的演講，首先要融入對方心境，讓對方感覺與你心連心，才會聽你講的話，然後要具備強而有力、明確且富有激情的表達。鼓勵人們達成原本認為不可能的目標。事先要有充分的準備、注意穿著和肢體語言，讓聽者感受你的魅力，使聽眾接受你，甚至萌起欲望、付出行動支持你的理念。一個好的領導者，大多數也都是個好的演講者。

除了外在的溝通行為外，絕對不可忽視內在的溝通行為。如何和自己對話，如何詮釋自己所面對的一切處境。一位著名的回教牧師，在哈佛大學演講時，有位學生問他讀了哪個學校。他回答說：「我讀了許多學校，但其中有一所是我停留最久，學到最多的學校，就是逆境。」許多非常成功的名人，之所以能夠從逆境中脫穎而出，就是善於和自己溝通，對遭遇的逆境，都有超乎一般人的詮釋方法。

團體中對知識的需求愈提昇，團隊間的合作也愈強化；但換言之，個人的獨立自主性也愈強，所以更要培養高度的合作能力。**我們必須透過語言和文字的表達，才能理解一個人的思維，所以溝通能力無論是對公眾的演說，對事業的發展，尤其是全球化的發展就更顯重要。**

我們從學校教育或自我教育的過程，幾乎每個人都要花費好幾年的時間，學習培養說、讀、寫的能力，卻從來沒有重視過培養聽的能力。**人在互動之間，想要影響別人之前，就得先要了解對方，而傾聽對方，是真正了解對方的唯一途徑。**可惜大多數人，在聽取別人的表達時，只是為了如何回應而去聽。所以經常會帶著自己既定的觀念，與原有的思維尺度，去看待對方並過濾對方的語言，在斷章取義的情況下，十分容易會扭曲原意。我們要訓練及培養自己傾聽的能力，用耳、眼和心同時傾聽。除了要認真傾聽別人的語言，細心閱讀別人的書文之外，更要注意自己的言語，和使用的字彙和詞句。華麗優美的詞章，也許有助於供人欣賞，但更重要的是要言之有物，且要堅守誠信。

根據研究指出，我們每天都會不斷地對自己講話，而講話的含意有八十%是屬於負面的。例如：我不應該…，我不喜歡…，早知道就…等等。負面的思維，會直接影響體內細胞活動的生理變化，產生負面的結果，如緊張、焦慮、壓迫感、不安全感…等等。正面的思惟，當然就會產生正面的結果，可以促進腦部，分泌內啡肽，舒解疼痛，增進幸福快樂的感覺。如果能明確找出，限制你發揮潛能的負面思維，並加以改造，將會朝成功邁出一大步。你可以做一項最明顯立即能感受到的實驗，當你身體的任何部位有疼痛時，試著大笑幾聲，將會有止痛的功效。

依心理學者的研究，人的行為有九十%是習慣的行為，所以你向來具有的行為習慣，即造就了你現況的結果。一般來說，壞習慣很容易養成，卻會帶給生活添加許多困難，而好習慣很難養成，卻會帶給生活舒適容易。壞習慣帶來的後果，都不是人人希望接受的結果，只是這種惡果，並不一定會立即出現，往往都會假以時日，才慢慢浮現，可是等到有了警覺時，往往都為時已晚。

被牛追趕的獅子

一九二〇年代，美國的芝加哥大學，有一位校長叫哈伯博士（Dr. Harper），他的工作效率非常高，也是募款的高手。有一次學校要蓋一棟大樓，缺乏資金，他就搜集了芝加哥地區的百萬富豪，結果找到二位事業有成的人士，而這二個老闆，恰巧互為事業上的競爭對手。其中一位是從事電動汽車系統業（Chicago Street Railway System）的老闆，就算是透過秘書約見，都很難安排時間。校長知道不容易見到老闆，就特地利用中午休息，辦公室的員工和老闆秘書都外出午餐的時間，跑去找那位大老闆。一進入了老闆的辦公室，他就先自我介紹，並且向老闆致歉自己的不約而來。

哈伯說明自己只是路經此地，因為仰慕大名，特來拜會，又覺得老闆在電動汽車系統開創的成就，是一項了不起的事業，也一定賺了很多錢，不過人的成就再輝煌，也有離世的一日，沒有辦法把財富帶走，總是要交給別人去運用。鈔票是不認人的，只是聽從擁有者去使用而已，所以老闆的成就再大、財富再多，總有一天也會被世人所遺忘，這樣太可惜了！所以，他表示想給這個老闆一個機會，允許學校用他的名義，在校園裡蓋一棟樓，藉以名留後世。哈伯自己始終認為，這個機會應該給這位老闆比較妥當，但是董事會的一些人，卻想把機會讓給他的對手，所以今天也順便來傳達這個訊息。校長表示此事沒有立即做決定的必要，請他仔細考慮後再和學校聯絡。說完話後，不待老闆回應，就起身鞠躬離開了。

等他回到學校，才剛踏進辦公室時，電話鈴聲就響了，第二天一大早這個電動汽車的老闆就到校長辦公室，與他談了一個多小時後，遞交了一張百萬美元的支票給校長。同時石油大王洛克菲勒（Rockefeller）註也捐了數百萬給芝加哥大學，所以校長就順利籌措到興建大樓的款項。**分析這個校長可以募款如此成功，其實是有幾個重要的條件，一個是學校的聲望，另一個是校長的身分，還有談話技巧的發揮。只要你有實力，抓準時機，懂得語言的技巧，就可發揮最大的效果。**

大約在二十年前，CNN頻道曾經報導一件事，螢幕上也活生生地演出那一幕。在動物園長大的三隻獅子，放到野生動物園時，竟失去獵食野生動物的能力，反而被牛追著跑。這個現象說明了缺乏訓練的結果，造成獅子不曉得自己有能力可以獵食牛，完全埋沒掉原有的潛能。類似這種現象，在人生的各個層面，都不斷地出現。由於缺乏適當的訓練，絕大多數的人都不曉得自己具有多少的潛能。我們應該選擇自己擅長的領域，接受適當的訓練，不斷自我教育，才有可能充分發揮應有的潛能。根據史丹佛大學（Stanford University）有關腦皮質的思考區域研究，顯示普通人平均一生只有運用他的心智能力的百分之二。而在任何領域有特殊成就者，用腦的比率就會遠高於一般人。他們會培養自己的天賦，創造機會給予發揮；內在的潛能愈有機會發揮，將會發揮得愈充分。

根據專家研究，每個人平均每年會想出四個，很有價值的理想，可是沒有良好的計劃，訴諸行動，最後只能淪為夢想或空想。而只有少數人可以擬訂計劃，確定步驟，讓理想有實體的表現。重覆不斷地想像，不斷地思考，必須要有行動跟進，才不致淪為空想。提昇腦皮質的使用率，我們的潛能還有九十八%的空間，等待我們去開發。

榮獲諾貝爾化學獎的萊納斯・鮑林（Linus Pauling）註說過：「想要取得好的理念的最佳方法，就是想出更多的理念。」沒有人可以預知未來，所以無法保證每一次都可以蒐集足夠的資料，做出正確的判斷或決定。但是，我們都會有能力悟察，在執行自己所做決定的過程，是否有待改善，或修正原先擬訂的計劃，或所做的決定。所以做出更多的決定，而依照Nike的「Just do it!」的精神去做，終究就會有正確的決定。

註

1 拿破崙・希爾（Napoleon Hill，1883年–1969年），是美國也是世界上最偉大的勵志成功大師，他創建的成功哲學和十七項成功原則，以及他永遠如火如荼的熱情，鼓舞了千百萬人，因此他被稱為"百萬富翁的創造者"。

2 保羅・羅伯遜（Paul Robeson，1898年–1976年）是美國歌手、運動員、演員，因其在政治激進主義及在美國民權運動中的活動而出名。他是最早推廣黑人福音音樂的演唱歌手，也是二十世紀首位出演莎士比亞戲劇《奧賽羅》的黑人。

3 瑪麗安・安德森 （Marian Anderson，1897年–1993年），美國黑人女低音歌唱大師。1925年獲紐約聲樂家比賽一等獎，1933年在倫敦舉行首次訪歐的獨唱會。同年受總統羅斯福的邀請到白宮演唱.後又去法國里昂，並先後在世界各地舉行音樂會。曾榮獲總統勳章，擔任親善大使。

4 阿羅圖・托斯卡尼尼 （Arturo Toskanini，1867年– 1957年）是意大利指揮家。他是在19世紀末和20世紀最負盛名的音樂家之一。作為NBC交響樂團的指揮，他在音樂界成為一個家喻戶曉的名字。

5 以賽亞・湯瑪斯（Isiah Thomas，1961年–），前美國NBA籃球運動員，現為紐約尼克隊總教練。身高六呎一寸，體重一百八十二磅，擔任控球後衛，在1981至1994年間為底特律活塞隊效力長達十三賽季。

6 約翰・戴維森・洛克斐勒（John Davison Rockefeller，1839年–1937年），美國實業家，慈善家，以革命了石油工業與塑造現代化的慈善結構而聞名。1870年他創立標準石油，在全盛期壟斷了全美90%的石油市場，成為美國第一位十億富豪與全球首富。

7 萊納斯・鮑林（Linus Pauling，1901年–1994年），美國著名化學家，量子化學和結構生物學的先驅者之一。1954年因在化學鍵方面的工作取得諾貝爾化學獎，1962年因反對核彈在地面測試的行動獲得諾貝爾和平獎，是唯一每次都是獨立獲得諾貝爾獎的獲獎人。

第10堂課

別看錯了，這還不是終點線

我比別人多活了好幾次

想當領頭羊，沒那麼簡單

學會開鎖的密技

讓自己保持青綠新鮮

在人生路途中，
起步的艱難是最辛苦的，
經過一次又一次的挫敗、重來，
你將學會無所畏懼，
因為再苦的日子都熬過了。

我比別人多活了好幾次

我的一生，從小學困苦的生活，與被同學霸凌的成長環境中，我獲得了忍受**孤獨的韌性**；從高中一夜之間決心唸書，開始自修，我獲得了**對自我信心的建立**；從放棄體操，專心往學術發展的決定，我**發現了自己的不足**；從帶領球隊的經驗中，我得知**按部就班是成功的定律**；從放棄師大教職，隻身前往美國留學的過程，我知悉了**對於目標的堅持**；從放棄熟悉的教職工作，轉行經營餐廳的路途，我感謝**陪伴在身旁的家人**；一直到我捨棄了國外的一切，雙手空空的回到台灣，我擁有**克服一切的勇氣**；即便是失去了，長年累積的退休金與加拿大國籍，我仍抱持著**對理想的熱情**。

一再的捨棄，一再的克服困境，一再的重新開始，我知道這不一定是個成功的好典範，但是在這一生的過程中，我體驗了各種往高處爬的方法，唯一不變的成功規律，這就是我想與各位分享的，也正是我寫這本書的意義所在。

想當領頭羊，沒那麼簡單

當我們享受著得來不易的成就，並加倍努力的維持成果的時候，就不單單只是自己一個人的事了；因為在往上爬的途中，一定會有一路上持續支持著我們的夥伴，此時身為一位領導者，該如何扛起這個重責大任，讓大家能夠聽從著你的指示，又能保有同舟共濟的心態。做好領導者的角色，讓團隊繼續穩定的成長，這是許多成功者更成功的原因之一。

一位了不起的領導者，必須要有創意、想像力、熱心、自制、平易近人、精確的思考、容忍、責任感、迅速的決策力…等，結合以上各項特質，才能做真正的成功者。其中精確的思考，能夠明瞭知識和意見的不同；意見可以因人而異、見人見智，知識是放諸四海皆準，不可能因任何人事物而有所不同。**創意是一種驅動力，使領導者走在眾人的前面，想像力是一種指南針，指引著自己應該朝哪一方向去思考和行動。屬於團體中的領導者，還要肯犧牲奉獻及以身作則的風範，懂得關心和照顧下屬，又願意付出比報酬更多的服務，才有可能長久居於領導的地位。**一旦有任何跡象顯現出貪婪、仇恨、自我中心、疑心、缺乏信念、嫉妒、不真誠…等這些負面的心態，領導者的地位就會隨之動搖。

一般而言，人可以分為兩種型態，一種是領導者，另一種是跟隨者。而每一個人幾乎都有可能，在某些場合擔任領導者，在另一些場合擔任跟隨者。不過絕大多數成功者，在成為出色領導者之前，都是先扮演有智慧的跟隨者，並且向偉大的前輩學習，自我訓練轉變為出色而有效率的領導者。如果一位領導者缺乏自信、做事猶豫不決，就意味著他連自己都無法控制，更別說是領導整個團隊。

所以一位傑出的領導者，必須要**自信的對於本身的角色及職務，有果決的判斷，並兼具自制力，不但可以勝任領導，還可以給有智慧的跟隨者做榜樣**。處事與待人要秉持著公平與正義的態度，對每一件事都要有明確的計劃，而且依照計劃行事。如果不依實際狀況訂計劃，僅以臆測行事，就像沒有舵的船，在大海中沒有方向的行駛。要有習慣付出，比所得報酬更多的服務，並能以同情與諒解的心照顧下屬，即使有人犯錯也願意自己承擔責任，扮演平易近人的領導者，才有可能被敬重而不是畏懼；徹底的了解和應用合作的力量，才能創造出更大的效益。

平庸的假領導者不僅無法發揮影響力，更會懷有警戒心，深怕下屬超越他的能力，取代自己的位置，常以自私的心態，將下屬的貢獻歸為自己的功績，也會刁難有能力的下屬，過度強調上位者的權威，以高壓手段讓下屬產生畏懼。也許在表面上和短期間可以有一些效果，但是長期延續的後果是不堪設想。

假使我們當下的能力，只當個跟隨者，我們也必須清楚的去分辨，哪些特質我們需要效仿學習，哪些特質是我們要去避免的；當機會來臨時，我們才能具備足夠的能力，去勝任更高階的工作。

學會開鎖的密技

卓越的企業家或成功者，常會自覺或不自覺地，使用「成功」這二個抽象的字彙，他們深切了解，一個能成功的人，都有其成功的條件及具備的要素。他們會不斷的充實自己，使自己能夠達到成功的條件，並且深深地相信，自己總有一天會成功。這種信念使得潛意識裡，產生一股無限的力量，不斷地推動他們去追求目標，腦筋裡常常會有活生生的圖像，感受自己成功的快樂心境。

介在成功者與平凡人之間，最常見人格弱點是：缺乏容忍、貪婪、嫉妒、猜疑、仇恨、自我中心、自負。每一位成功典範，都會盡力去除人格上的這些缺失。每個人自我控制的能力都有差別，即使同一個人隨著成長的歷程，這種能力也會隨著變化。**當困難或挫折超越個人所能克制時，將會喪失理性思考的能力，無法做明確的判斷與決定**，也無法心平氣和地，聽取別人的建言和議論，而變得焦慮急躁。不過一旦有這種情形出現時，也是提升自己克制能力的機會。

每個人都會有欲望追求更美好、幸福和更富有的生活。而促成欲望，去追求目標的動力，就是來自個人的激情。無論是明星運動員，卓越的藝術家、科學家或企業家，都是有非常豐富的激情。在運動競技場上，不會有衰弱而行的運動員贏得比賽。同樣的現象，在現實生活的各行各業，也必須在身體、智慧和精神，都具備充沛的活力，才有可能脫穎而出。

幾乎所有成功者都有非常特殊的親和力，可以融洽地包容，來自各種不同生活背景或不同信念的人。當然有一小部份，專心埋首於科學技術的研究或藝術的創造者，鮮少與他人往來，不必強調具備親和力，仍然可以在某一特定的領域，會有卓越的成就外，絕大多數有成就者，如果欠缺親和力，成功的局面就無法維持長久。

懂得運用策略，是十分重要的一項特質。假如把我們期待要完成的工程，簡單地比喻為開號碼鎖，那麼左轉右轉的方向，轉動的圈數，對照的號碼都能遵照正確的順序，號碼鎖就很容易地可以被打開。否則只要轉動的方向錯誤，或者轉動的圈數、對照的號碼有任何差錯，即使再怎麼努力還是無法打開鎖。人生面對要完成的任何大小工程，都比開號碼鎖複雜，顯然就必須更重視努力的方向和策略。光是埋頭苦幹，沒有策略，沒有方法，不僅會「事倍功半」，甚至有可能「一事無成」。任何一位有才氣、有雄心壯志的人，想要完成一項工程或目標，必須先確定該努力的方向，並匯集所有可以幫助的資源，包括加強充實自己，對於完成任務的能力，有系統地整合，有組織地像轉動號碼鎖的順序一樣地，加諸於執行面的每一段過程。如此才是找對了方法，應用了策略，去動用資源，來支援每一階段的執行。

優異的溝通能力，也是相當重要的一個要素。不僅政治家或律師能善用口才，學術領域學有專精的學者，也都是個個能言善辯。企業界當然更不例外，比爾・蓋茲（Bill

Gates）註的每一場演講，都會叮嚀助理注意他的缺點，做為後續改進的參考，可見，他對於自己的溝通能力，不斷地在力求完美。史蒂夫・賈伯斯（Steve Jobs）註的演講，公認地被譽為一字值千金。兩位全球知名的商業人士，顯然都是溝通能力的高手。除此之外，也都擁有宏觀的視野，他們可以看出時勢的潮流，也可以看出別人看不到的機會，思維不受侷限，可以讓幻想轉換成創意，讓似乎是遙不可及的夢想成真。

另外，**遵守嚴格的道德標準，謙遜、忠實、節制、和平、勇敢、正義、耐心、勤奮、單純、謹慎不輕率…等品格倫理，是一個人最重要的元素。**個人的專業知識、技能、溝通能力、公眾形象、人際關係、正面心態…等，必須建立在道德標準的基礎，才是正確的道路；否則，無論如何善用個人技術求得成功，即使表面上非常飛黃騰達，卻總是無法欺騙自己，永遠獲得心安理得。沒有以品格倫理為基礎，就不可能真正地維持永遠成功的局面；就像一篇科學論文，如果內容毫無重要的貢獻，文章再怎麼修辭還是毫無貢獻。

有領導能力的成功者，鼓舞平凡的人做不平凡的事，勇敢且敏銳，堅強但不粗暴，仁慈但不懦弱，謙遜但不膽小，自豪但不傲慢。

讓自己保持青綠新鮮

成功是人生持續不斷在進行的過程，而不是終點。成功是人生不斷奮鬥的過程，要累積財富與社會地位，使得個人的精神與智慧更臻成熟。培養終生學習的習慣，不斷吸收新的知識和資訊，更要懂得如何有系統地組織知識，使自己能夠更健康、更有效率的生活。

史蒂夫．賈伯斯白手起家，他在父母親的車庫，組裝第一部蘋果（Apple）個人電腦後，當Apple I、Apple II，和麥金塔（Macintosh）問世，賈伯斯的公司就成為歷史上最快躋身《財富》雜誌前五百名（Fortune 500）的公司。一九八〇年，賈伯斯在二十五歲，躍登為最年輕的科技新貴。也許是少年得志，年輕氣盛、目中無人的態度，使得除了少數「死黨」以外，幾乎無法與別人和諧共事。終於在一九八五年，滿三十歲時，被他自己請來的首席執行長約翰．斯卡利（John Sculley）開除，董事會不允許他參與所有重要決策。賈伯斯這位絕頂天才，雖然不是一個輕易認輸的人，但是敢勇於認錯、自省，徹底改變自己的處事態度。一九九七年，不但創設動畫電影工作室的皮克斯（Pixar），又重返蘋果擔任執行長，讓公司奇蹟般地起死回生。他在重返蘋果的第八年，也就是從二〇〇五年開始，蘋果的股值持續上揚了十幾倍。即使在金融風暴也禍及遭殃，但不到一年的時間，股值不僅恢復到二〇〇七年的高峰，並且還在繼續上漲，賈伯斯總是不斷地在創新。

人生的旅程不是往上爬，就是往下滑。這是一項規律。無論是求知做學問，各種技藝的修練，以及各種運動的技術、體力、肌力、耐力等的訓練，如果沒有繼續不斷地學習鍛鍊求進步，稍微有些疏忽怠惰就會退步。麥當勞（McDonald）的開創者雷・克羅克（Ray Kroc）註有一次被問到，如何可以長期保持成功的秘訣時，他用很簡單的語句說：「當你保持青綠，你就會繼續成長；當你熟了，就會開始爛！」也就是你必須且要無止盡的，更往上一層爬，使得自己變得更好。堅定不移的信仰是最重要的因素，將你的幻想帶向實踐。所有偉大的成就者都相信幻想會成真，不在乎現況的處境，並以不可動搖的信念點燃幻想，專注於傾聽自己內在的智慧，不在乎別人的成就，不與外人做比較，只在乎要使自己無止境地變得更好。**人生不在乎於你是誰，你擁有什麼，或你在做什麼，而是在乎於你要做一個什麼樣的人。每一位有卓越成就者，就是有這樣的心，是態度造就了他們的卓越，他們深知成功不會有終點。**

註

1 比爾・布拉德利（Bill Bradley，1943年-），美國政治家、退役職業籃球運動員。1978年，布拉德利決定從政，成功地代表美國民主黨贏得了紐澤西州的一個聯邦參議員席位，並連任至1997年。

2 比爾・蓋茲（Bill Gates，1955年-），美國著名企業家、軟體工程師、慈善家以及微軟公司的董事長。1995年到2007年的《富比士》全球億萬富翁排行榜中，比爾・蓋茲曾經連續13年蟬聯世界首富。

3 史蒂夫・賈伯斯（Steven Jobs，1955年-2011年），是蘋果公司的現任董事會主席，前任首席執行官及創辦人之一。人們也把他視作蘋果電腦、iPod、iPhone等知名數位產品的締造者。1997年賈伯斯回到蘋果接任執行長。2011年8月24日，賈伯斯宣佈辭去蘋果執行長職務。

4 雷・克羅克（Ray Kroc，1902年-1984年），美國企業家。1955年，他接管了當時規模很小的麥當勞公司的特許權，將其發展成全球最成功的速食集團之一。他被《時代》雜誌列為全球最有影響力的企業創始人之一。

BTT
博思智庫

博思智庫　http://broadthink.pixnet.net/blog
博士健康網 http://healthdoctor.com.tw/

美好生活

管好荷爾蒙不生病

找對方法，身體自然好！

歐忠儒 博士 ◎ 著
定價 ◎ 320元

國內書市第一本專業談男女更年期病兆、徵結緣由，並詳細介紹如何健康地生活飲食，提出天然正確的飲食及天然荷爾蒙補充方法，避免荷爾蒙失調危害健康。

自己是最好的解毒醫

八大名醫教排毒

歐忠儒 博士 ◎ 著
定價 ◎ 280元

這本書觸及了國內長期被忽略的慢性重金屬累積所造成的健康問題，對重金屬問題的了解，對自己所吃的食物的把關，對自己居住環境的關注，只是一個開始。

美好生活

矯正代謝不生病

拒絕高胰島素，
遠離肥胖、三高、慢性病！

蕭慎行 院長 ◎ 著
定價 ◎ 250元

「矯正代謝」是採取大禹治水的模式，以疏通的原理取代傳統對抗的觀念，降低食慾以及提升基礎代謝率完全啟發身體來自動調控，你會發現：原來肥胖是可以被控制的！

長壽養生之道

細胞分子矯正之父20年鉅獻

萊納斯・鮑林 博士 ◎ 著
定價 ◎ 280元

作者提供一種簡單的飲食療法來改善健康。鮑林的健康計劃提出了只要透過一些「簡單而低廉」的措施（攝取維他命C），任何人都可以增進他們的健康和幸福。

GOAL

我在任天堂的日子

NiNi ◎ 圖文　定價 ◎ 240元

「我在任天堂的日子」是NiNi在美國任天堂工作五年的生活體驗記錄，以幽默搞笑的圖文方式，絕對令人笑到噴飯。一篇篇的故事，描繪出在任天堂工作期間所遭遇的文化衝擊及趣事，與熱愛任天堂的讀者共同分享工作的酸甜苦辣。

博思智庫 http://broadthink.pixnet.net/blog
博士健康網 http://healthdoctor.com.tw/

原來是自己輸給自己：林教授逆轉勝的10堂課

作　　者　林德嘉
封面設計　羅芝菱
執行編輯　詹雁婷
版型設計　羅芝菱
行銷策劃　詹雁婷

發 行 人　黃輝煌
社　　長　蕭豔秋
財務顧問　蕭聰傑
出 版 者　博思智庫股份有限公司
地　　址　104台北市中山區松江路206號14樓之4
電　　話　(02) 25623277
傳　　真　(02) 25632892

總 代 理　聯合發行股份有限公司
電　　話　(02)29178022
傳　　真　(02)29156275

印　　製　禹利電子分色有限公司
定　　價　240元
第一版第一刷　中華民國100年11月

ISBN 978-986-87284-2-4
2011 Broad Think Tank Print in Taiwan

博思智庫部落格
http://broadthink.pixnet.net/blog

博思好書盡在博士健康網
http://www.healthdoctor.com.tw

國家圖書館出版品預行編目(CIP)資料

原來是自己輸給自己：林教授逆轉勝的10堂課/
林德嘉著. -- 第一版. -- 臺北市 ：博思智庫,
民 100.11
面 ；　公分
ISBN 978-986-87284-2-4(平裝)

1.自我實現　2.成功法

177.2　　100020638